KB025518

나는
매일매일
주말처럼
산다

나는 매일매일
주말처럼 산다

초판 1쇄 인쇄 2021년 8월 30일
1쇄 발행 2021년 9월 5일

지은이 현영호
펴낸이 우세웅
책임편집 이현정
기획편집 박관수 한희진 김은지
콘텐츠기획·홍보 서해선
북디자인 이선영

종이 페이퍼프라이스(주)
인쇄 ㈜다온피앤피

펴낸곳 슬로디미디어그룹
신고번호 제25100-2017-000035호
신고년월일 2017년 6월 13일
주소 서울특별시 마포구 월드컵북로 400, 상암동 서울산업진흥원(문화콘텐츠센터) 5층 20호
전화 02)493-7780
팩스 0303)3442-7780
전자우편 slody925@gmail.com(원고투고·사업제휴)
홈페이지 slodymedia.modoo.at
블로그 slodymedia.xyz
페이스북,인스타그램 slodymedia

ISBN 979-11-6785-029-4 (03320)

- 이 책은 슬로디미디어와 저작권자의 계약에 따라 발행한 것으로 본사의 허락 없이는 무단전재와 복제를 금하며, 이 책 내용의 전부 또는 일부를 사용하려면 반드시 저작권자와 슬로디미디어의 서면 동의를 받아야 합니다.
- 잘못된 책은 구입하신 서점에서 교환해 드립니다.

나는
매일매일
주말처럼
산다

종잣돈
2,200만 원으로 시작한
어느 파이어족의
경제적 자유를
얻는 법!

현영호 지음

슬로디미디어

　재정적인 독립을 바탕으로 한 조기 은퇴는 직장인뿐 아니라 생계를 위해 일해야 하는 자영업자까지 대부분 사람들의 꿈이라고 할 수 있다. 최근에 FIRE(Financial Independence Retire Early) 족이라는 신조어가 세대를 막론하고 광풍처럼 회자되고 있어서 마치 최근에 생긴 신조류처럼 느낄 수도 있지만, 사실 이 꿈을 꾸는 사람들은 오래전부터 존재해왔다. 조기 은퇴가 그랬고 훨씬 더 오래전으로 거슬러 올라가면 소작농을 탈피하기 위해 내 땅 한 평이라도 소유하고자 평생을 피땀 흘렸을 우리 선조들이 그랬다.

　이렇듯 많은 사람들이 오랜 세월을 꿈꿔왔음에도 불구하고 아직까지는 이 꿈을 이루기 위한 제대로 된 지침서나 경험서를 찾아보기 힘들다. 그래서 대부분은 그 꿈을 애써 외면하고 살거나, 손에 잡을 수 없는 신기루 정도로 치부하거나 혹은 용기를 내서 오랜 세월 노력하다가 결국은 좌절하는 경우를 직간접적으로 많이 보아왔다.

　파이어족의 꿈을 이루는 방법은 부동산, 주식, 펀드, 가상화폐 등에 투자하거나 창업하는 등 다양하지만 각자의 성향에 맞는 방법을 선택해야 성공 가능성이 높다.

자신에게 맞는 방법을 찾은 후에는 그와 관련된 법규, 시장 변화 등을 계속 주시하고 예산에 맞는 대상을 찾아 적절한 타이밍에 실행에 옮기는 것으로 시작해야 한다.

대부분의 투자가 그렇지만 부동산의 경우에는 특히 긴 호흡으로 투자해야 성공 기회를 잡을 가능성이 높다.

이에 맨주먹으로 시작해서 40대 후반에 파이어족으로의 변신에 성공한 우리 부부의 이야기를 보다 많은 사람들과 공유하고자 한다. 이 책은 파이어족이 되고자 하는 열망은 있지만 엄두를 내지 못하는, 그런 것은 금수저만 이룰 수 있는 것이라 생각하고 일찌감치 포기한, 노력은 했지만 수없이 실패한, 혹은 사회 초년생으로 하루빨리 파이어족이 되고 싶은데 갈피를 잡지 못하고 있는 사람들을 위해 쓰였다.

또 그 가능성에 대한 확신과 꿈을 이룰 수 있는 단초를 제공하여 지금보다는 많은 사람이 파이어족이 되거나 보다 안정적이고 행복한 노후를 마련할 수 있는 기회가 되면 좋겠다는 생각에, 비록 초라한 성취와 일천한 글 솜씨지만 용기를 내서 책을 출판하게 되었다.

현명호

차
례

IMF 체제를 통해
정립한 나만의 투자원칙

너무 일찍
샴페인을 터트렸나?

정부의 부동산 정책을 보고
투자의 방향을 정한다

새 부동산 정책으로
흐트러진 나의 파이어족 생활
PART
10

정책 변화에도 굳건한
파이어족으로 거듭나기
PART
11

제가 파이어족이라고요?
그럴 리가요
PART
12

PART 1

종잣돈 2,200만 원으로 시작한 나의 투자 이야기

소중한 종잣돈
2,200만 원

"우리 결혼하면 집은 어떻게 할까?"

"글쎄? 월세나 전세는 싫고 집을 사면 좋겠는데 방법이 있을지 찾아봐야겠네."

"그동안 내가 모은 돈이 1,500만 원 있는데 그거로는 턱없이 부족하겠지?"

대학 1학년 때 친구로 만나기 시작해서 8년의 연애 끝에 1992년 결혼에 골인한 아내와 결혼 직전에 나눈 대화를 시작으로 그동안 나와는 전혀 관계없는 다른 나라 이야기로만 생각했던 부동산 투자에 입문했다.

나름 지주였다는 외할아버지의 반대를 무릅쓰고 결혼하신 내 부모님은 덕분에 단칸방에서 신혼살림을 시작했고 많은 고생을 하신 끝에 결혼 7년 만에 내집 마련에 성공했다. 소위 말하는 집장사(허름한 집을 싸게 사서 부분 수리를 한 후에 비싼 가격으로 되파는 사업)를 통해 내가 초등학교를 졸업하기 전에 이미 대지 70평의 주택을 보유하신 적이 있다. 직장에서의 성공 가능성에 한계를 느낀 아버지가 회사를 그만두신 후 시작하신 운수업과 식당업에서 연거푸 고배를 마시게 되어 내가 결혼할 당시에는 이미 금전적으로 도움을 받을 수 있는 상황이 아니었고, 나의 알량한 자존심과 콩깍지의 영향이었는지 내 눈에는 이 세상에서 제일 예쁜 딸을 잘 키워서 결혼을 허락해주신 장인, 장모님에게 금전적인 도움까지 받는다는 것은 그 분들에 대한 도리가 아니라는 생각 때문에 처가의 도움은 받고 싶지 않았다.

아내가 내게 결혼을 앞두고 건넨 저금통장에는 어마어마한 거금 1,500만 원이 들어 있었는데 그것은 아내가 졸업 후 직장생활과 과외 아르바이트 등을 통해 힘들게 마련한 것이었고, 나 또한 직장생활을 통해 약 2년간 최선을 다해서 모은 돈 700만 원이 있었다. 이 둘을 합한 2,200만 원이 우리 부부가 부동산에 입문하는 너무나도 소중한 종잣돈이 되었다. 가진 것이 많지는 않았지만 신혼생활을 월세나 전세로 시작하고 싶지는 않아서 집을 사기로 결정했다. 일단 서울 변두리의 소형 아파트 시세를 조

사했다. 비교적 가격이 저렴하고 출퇴근 조건도 양호한 노원구를
선택했는데 소형 평형인 18평형 아파트 시세가 5,500만 원으로
종잣돈 2,200만 원으로는 살 수 없었다.

투자의 '투'자도 모르고
시작한 부동산 입문

"노원구 하계동 S아파트 18평형 가격이 5,500만 원이라네."

"우리 예산과 차이가 많이 나는데 방법을 생각해보자."

내 생애 처음으로 내 이름의 부동산을 매입하기 직전 아내와 나눴던 대화이다. 경영학과 전공과목 중에는 '투자론'이라는 강의가 있다. 한 학기 강의 내용 중 다른 것은 기억이 나질 않는데 지금도 생생히 기억나는 교수님의 말씀은 "투자에 정도는 없다. 내가 얼마 전부터 주식 투자를 시작했었는데 투자금 500만 원을 전부 날렸다"이다. 소위 명문대라고 하는 학교의 경영학과에서 다른 것도 아닌 투자론을 가르치는 교수님이 주식투자로 단기간에 원금을 몽땅 날렸다는 말은 충격적으로 다가왔다. 지금도 그때 그 말이 생생히 기억나는 것을 보면 지금까지 살면서 직

나는 매일매일 주말처럼 산다

간접적으로 진행했던 나의 투자에 대한 보수적인 태도를 견지하는 데 적지 않은 영향을 끼친 사건이었다고 할 수 있다.

그렇게 투자론 강의도 들었건만, 종잣돈 2,200만 원으로 미래를 위한 부동산 투자를 하자는 생각보다는 아내와 안락하게 신혼을 꾸밀 공간을 마련하자는 생각이었다. 애당초 마음에 들지 않았던 월세나 전세를 배제한 터라 매매가 5,500만 원과의 차액 3,300만 원 마련에 골몰했다. '하늘이 무너져도 솟아날 구멍이 있다', '뜻이 있으면 길이 있다'는 말처럼 부족한 금액 3,300만 원을 마련하기 위해 주변을 살펴보니 직장 내에 조직된 사우회에서 500만 원, 회사에서 직원 주거 안정 지원 목적으로 1,000만 원을 저금리로 대출을 해주고 있었다. 그러고도 부족한 차액 1,800만 원은 은행 대출을 받았다. 드디어 머리털 나고 처음으로 등기부 등본에 내 이름이 찍힌 18평 아파트를 소유하게 되었다.

지금 생각해보면 원금보다 많은 돈을 대출로 융통하여 아파트를 매입한 것이 무모해 보일 수 있을 것으로 생각되는데, 당시에는 다니던 직장은 평생직장이 될 것이라는 미신 같은 믿음과 월급을 받아서 대출 이자와 원금을 갚아 나가면 된다고 단순하고 편안하게 생각했던 것 같다. 물론 IMF 외환위기와 같은 격변의 세월을 겪기 전이어서 평생직장의 신화는 언제든지 깨질 수 있고 안정적으로 보이는 대출 이율이 20%까지 상승할 수도 있다는 생각은 꿈에도 하지 못했기 때문에 가능한 일이었다. 아무튼 노원구 하계동 S아파트를 매입할 당시에는 투자 가치를 따질 수 있는 경험이나 마음가짐이 전혀 없었다. 오직 남의 도움 없이 오롯이 우리 부부의 노력만으로 나름 깨끗하고 안정적인 환경에서 신혼살림을 시작할 수 있다는 것만으로도 한없이 기쁘고 감사한 마음이었다. 훗날 깨달은 것이지만 그 당시에 좀 더 세밀하게 조사를 하고 대출을 통한 레버리지를 활용했다면 훨씬 더 큰 투자가치 있는 아파트를 매입할 수도 있었다.

나는 매일매일 주말처럼 산다

나의 투자 성향에
대한 성찰

"주식에 투자한 거 잘 되고 있어?"

"원금 50만 원 투자해서 겨우 3만 원 벌었어. 주식은 변동성도 크고 리스크가 너무 커서 이제 그만하려구."

"그래, 3만 원으로 맛있는 거 사 먹고 주식 투자는 더 이상 하지 말자."

나보다 먼저 졸업한 아내가 아르바이트를 통해 번 50만 원으로 시작해서 짧은 기간 경험했던 나의 주식 투자는 그렇게 끝났다. 물론 훗날 회사에서 직원들에게 시세보다 저렴하게 매입권을 부여하는 우리사주를 통해 시세 차익을 몇 번 거둔 경험은 있지만 증권사에 계좌를 만들어서 직접 주식 투자를 한 적은 거의 없다.

일반인이 쉽게 접근할 수 있는 재테크 방법은 주식과 부동산, 두 가지가 대표적이고 요즘은 은행 펀드, 가상 화폐 등으로 좀 더 다양해졌다. 주식은 적은 돈으로도 투자가 가능하고 단기 변동성이 매우 커서 단기간 내에 큰돈을 벌 수도 잃을 수도 있는 투자 수단인 반면, 부동산은 주식 투자 대비 큰돈으로 투자해야 하고 장기투자가 수반되어야 한다. 또 단기간 내에는 가시적인 성과를 내기 어렵고 주식처럼 변화가 크지 않은 비교적 안정적인 투자 방식이다.

나 역시 단기간 내에 큰돈을 벌고 싶은 마음은 굴뚝같지만 그것의 반대급부로 투자 원금이 휴지 조각이 될 수도 있는 주식 투자는 그다지 선호하지 않는다. 좀 더 현실적으로 이야기하자면, 부모님에게 물려받은 재산 없이 시작해서 가진 것이 많지 않았다. 그렇다 보니 투자 원금의 보전 가능성을 높일 수 있는 보수적인 투자 방법이 높은 리스크를 감수한 고수익 가능성의 투자 방법보다는 내게 맞는 것으로 판단했다.

자신의 성향이 보수적이라면 비교적 안정적인 투자 수단인 부동산 투자를, 공격적인 성향이 강한 사람이라면 주식, 펀드, 가상 화폐 등에 대한 투자의 비중을 늘리는 것이 바람직해 보인다.

주식인가,
부동산인가?

"여윳돈 좀 있니?"

"큰돈은 아니지만 통장에 조금 있는데, 왜?"

"그 돈으로 재테크 계획이 있더라도 주식 투자는 절대로 하지 마."

같은 과를 졸업하고 D 증권사에 근무 중이던 친구가 졸업 후 오랜만에 만난 내게 했던 말이다. 증권사 직원이면 주식 투자를 권하는 게 상식적일 것이라고 생각했던 내가 의아해서 물었다.

"주식 투자를 권해야 하는 입장일 것 같은데 하지 말라는 게 무슨 뚱딴지 같은 말이야?"

"주식 시장도 정보력에 따라 수익률이 결정되는데, 기관투자자들이 접하는 정보의 수준과 스피드를 개인투자자는 절대로 따라올 수 없고, 그렇다 보니 대부분의 개인투자자는 원금을 다 잃게 되거든. 그러니, 재테크를 하려면 주식은 생각하지 말고 다른 방법을 생각해 보라는 뜻이야."

물론 일반인 중에 매우 희박하기는 해도, 대왕 개미가 된 개인투자자들의 소식을 뉴스를 통해 간혹 접하기는 하지만, 이 친구의 이야기에 나는 지금도 공감한다. 더욱이 내 성향이나 상황이 공격적으로 투자를 할 수 있는 입장도 아니었기 때문에 결국은 부동산 투자를 통해 재테크를 하는 것으로 방향을 잡았고 비록 보잘 것 없지만 지금까지의 성취를 이루어 낼 수 있었던 것으로 생각된다.

PART 2

첫 투자 실패는
대박의 전초전

행운은 나도 모르는
뜻밖의 순간에 온다

"야! 현 대리, 자네 자꾸 그렇게 말하면 정말 이상한 사람으로 생각할 거야. 그만해!"

"부장님, 멀쩡한 젊은 직원들 뽑아서 바보가 되어가고 있는데 시도라도 해봐야 되는 거 아닙니까? 단순한 오퍼레이션만 할 것이 아니라 원유 트레이딩이나 선물(FUTURE) 거래도 검토해보면 좋겠습니다."

"듣기 싫어. 이제 그만하라고."

㈜S사의 기업문화 중 '캔미팅'이라는 제도가 있다. 팀 단위, 본부 단위로 기업 연수원이나 콘도 등으로 1박 2일 단합대회 겸 팀원 간의 아이스 브레이킹을 할 수 있는 기회로 1년에 1~2회 진행되도록 회사에서 전체 비용을 지원하는 제도이다. 회사 내에

서 업무 시간에는 전체 팀원이나 본부원이 한자리에 모여서 팀, 본부의 현안이나 미래에 대해 허심탄회하게 의견을 나눌 기회도 없고 군대문화에 쩔어 있었던 당시의 근무 분위기 덕에 상명하복의 일과가 지속되던 한국사회에서는 비교적 혁신적인 제도라고 생각했다. 하지만 대부분의 제도가 그렇듯 제도를 만든 사람의 의도와는 다르게 구성원들의 편의에 맞게 활용되는 것이 일반적이다. '캠미팅' 제도 역시 대부분의 경우 간단한 단합대회 정도의 성격을 크게 벗어나지 않았고 회사에서 지원하는 비용으로 공기 좋은 곳에 숙소를 정해서 주변 관광 후 맛있는 저녁과 음주를 곁들이는 정도의 1박 2일의 회식 수준을 크게 벗어나지 못했다.

아이템의 중요성을 간과했던 내가 배치된 부서는 지원했던 에너지 본부 선유팀의 내부 사정으로, 같은 본부 내의 원유팀이었고, 팀의 주요 업무는 사우디아라비아와 중국에서 원유를 수입하여 계열사인 ㈜Y사에 판매하는 일이었다. 1년 단위로 매매계약을 연장하고 매월 2~3건의 원유를 수입하는 일이어서 주요 업무는 사우디와 중국에서 지정된 시점에 원유가 선적되는지를 체크하고 울산에 정박하면 지정 시간 내에 하역이 되는지를 체크한 후에 ㈜유공에서 원유 대금을 회수하여 자금팀에 전달하는 일이었다. 물론, 업무 진행 과정 중에 정부 관할 기관의 수입 허가 등을 사전에 처리해야 하고, 선박 수배 및 선적과 하역 과정 중에 생길 수 있는 지연사태를 예방하기 위해 세밀하게 실시간으로 체크해야 한다. 또 사우디, 중국 현지와 교신하여 차질 없이 선적이 이루어지게 해야 하는 등의 업무이다. 약간의 부담은 있지만 정상적인 성인이라면 누구나 대략 6개월 정도의 수습 기간만 거치면 무리 없이 수행할 수 있는 수준의 단순 업무의 반복이었다.

신입사원 시절의 나는 직장은 '때가 되면 퇴근하고 한 달이 지나면 정확하게 월급이 나오고 업무는 선배 사원들 하는 만큼만 하면 그만'이라고 생각했다. 특별한 사업 계획도 없었기 때문에 부서의 특성에 따라 인생이 바뀔 수도 있다는 생각을 그리 심각하게 하지 않았다. 그런데, 회사 생활에 적응하고 주변을 살펴볼 여유가 생겼을 때 내 부서의 선배들의 상태와 그들의 미래를 조망해 보았고, 그 미래에 나를 투영해 보니 내가 이런 단순 업무로 청춘을 보내면 10년 뒤에는 거의 폐인이 되겠다는 불안감과 자괴감이 동시에 밀려오기 시작했다. 또 어느새 늘어난 부하 직원들 보기에도 미안한 생각이 들었다.

전임 팀장님이 영국 주재원으로 출국한 뒤 1994년 하반기에 새로 부임한 신임 팀장님은 이전 본부에서 나름 인정을 받았고 일본 주재원 생활까지 하신 분이었다. 그런데도 부임 후 팀의 발전을 위한 청사진은 고사하고 회사 업무에는 특별한 관심이 없는 것처럼 느껴졌다. 부임하신 후 이제나저제나 하고 기다렸으나 팀에는 아무런 변화가 없었다. 결국은 팀의 캔미팅 자리에서 내가 생각하는 팀의 신규 사업에 대해 열변을 토했다. 한 30분 정도 내 말을 묵묵히 듣고 있던 신임 팀장님의 입에서 나온 말은,

"야! 현 대리, 자네 자꾸 그린 소리하면 정말 이상한 사람으로 생각할 거야. 그만해!"였다. 팀장님이 그런 거친 반응을 보였음에도 선배들은 꿀 먹은 벙어리가 되었고, 그렇지 않아도 서먹했던 팀장님과 나는 점점 더 껄끄러워졌다. 그런 상황이 되자 내가 할 수 있는 선택은 팀을 바꾸든지, 지역 전문가 과정에 선발 돼서 해외로 파견을 가든지, 그것도 아니면 이직을 하는 것이었다. 이 중 지역 전문가 과정은 팀장의 추천이 있어야 가능한 일이었기 때문에 가능성이 없다고 생각했다.

그러던 와중에, 1995년 초에 신임 본부장으로 내 출신 대학의 경영학과를 졸업한, 내게는 직속 선배님이 부임했고, 그 얼마 뒤 나는 팀의 선배들을 제치고 중국 지역전문가 과정에 선발되었다. 내가 선발되는 과정에 어떤 힘이 어떻게 작용했는지 나는

나는 매일매일 주말처럼 산다

아직도 모른다. 결단코 이 작지 않은 행운을 얻기 위해 내가 주도적으로 한 일은 전혀 없다.

선발된 당시에 내가 추론한 가능성은 1) 캔미팅 자리에서는 내 의견을 묵살했지만, 실제로는 팀원들의 장래에 대해 누구보다도 고민하고 있었던 신임 팀장님이 내 미래를 다른 방법으로 풀어줄 생각으로 추천, 2) 뻣뻣하게 굴던 내가 꼴보기 싫어서 눈앞에 안 보이게 하려고 추천, 3) 신임 본부장의 호감을 얻기 위해 팀장이 본부장의 후배인 나를 추천, 4) 신임 본부장이 얼굴도 잘 몰랐던 까마득한 대학 후배의 앞길을 터주려고 팀장에게 무언의 압력을 행사함 등이다.

결과적으로는 내가 조금이라도 의도했던 것은 아니었으나 내 인생 항로에 큰 변화를 가져오게 된 중국 지역전문가 과정 선발의 행운은 아마도 그날 저녁 캔미팅에서 시작된 것 같다. 중국 지역전문가 과정 이수로 내 커리어에는 중국 전문가라는 색채가 강하게 씌워졌다. 이를 계기로 약 15년 정도를 중국에서 주재원으로 일하게 되었고, 이제는 명실상부한 중국 전문가라고 자부한다.

중국 파견으로 시작된
부동산 투자

"나, 중국 지역 전문가 과정에 선발돼서 9월에 중국으로 파견돼."

"아, 그래? 정말 잘 됐네. 파견 기간은?"

1995년 직장에서 지역전문가를 육성하는 과정 선발이 확정된 직후에 아내와 나눈 대화이다. 지역전문가에 선발되면 해당국가에 1년 기간으로 파견되어 해당국가의 어학연수를 9개월간 받은 후 3개월간 현지 시장 조사를 하는 과정으로 해당 기간 동안 본사의 월급 이외에 어학 연수 비용은 물론 숙식비와 현지 파견 수당 및 활동비를 지급하는 조건이었다. 당시 내게는 커다란 특혜로 느껴질 수 있는 큰 사건이었다.

앞서 말했지만 내 생애 최초로 장만한 노원구 하계동의 S아파트 매입 당시 투자라는 개념은 전혀 없었고 동원 가능한 재원의 범위 내에서 최대한 안락하고 깨끗한 환경에서 신혼을 보낼 수 있다는 생각만 했다. 중국 연수가 결정되기 직전까지 별다른 불만 없이 잘 살았던, 그래서 이 사건 이전까지는 아파트를 팔고 투자자의 관점으로 부동산을 접근하고자 하는 생각도 전혀 없었다.

다만, 재직하던 회사가 해외에 다수의 지사를 운영하는 종합상사였고 직장 선배들이 해외 지사 발령 시 국내 부동산을 처분하여 몽땅 주식에 투자했다가 쪽박을 찼다거나 다른 부동산을 구입했는데 시세 차익을 거뒀다는 등의 성공과 실패에 대한 이야기가 마치 무용담처럼 사내에서 심심치 않게 회자되고 있었다. 그 때문에 나도 막연히 지사를 나가게 되면 부동산 투자의 기회로 삼으면 되겠다는 생각은 하고 있었다.

중국 파견 일정이 1995년 9월로 확정되고 출국 전에 살던 아파트를 팔아서 새 아파트를 매입하려고 보니 시간이 넉넉하지 않았다. 급하게 주변 부동산에 시세를 문의해보았는데 뜻밖의 사실을 알게 되었다.

부동산 투자는 반드시
긴 호흡으로

"요즘 아파트 매수자가 그렇게 많지 않네요. 5,300만 원 정도면 팔아볼 수 있을 거 같네요."

"3년 전에 5,500만 원에 매입했는데 오히려 가격이 떨어졌네요."

3년여의 행복한 신혼생활을 보낸 첫 보금자리 아파트여서 불만 없이 잘 살았지만 매입 가격보다 시세가 하락했다는 소식에 파는 게 나을지 전세를 주고 중국에 다녀올지 갈등이 되었다.

주식 투자자들이 흔히 쓰는 표현 중에 손절매라는 것이 있다. 소유한 주식의 미래가 불투명하고 손해 액수가 더 커질 가능성이 있을 경우 혹은 투자가치가 더 좋은 다른 주식에 투자하기 위하여, 손해를 감수하고 보유한 주식을 처분하는 행위를 말한다.

매입가보다 시세가 하락했다는 부동산 사장님의 말에 잠시 고

나는 매일매일 주말처럼 산다

민을 한 것은 사실이었지만 냉정하게 그 아파트의 상황을 판단하고 향후의 미래가치를 검토한 후 결국은 손절매하기로 했다. 매매차손은 3년간 안락한 주거 공간을 제공받은 대가라고 생각했다. 이 일을 통해 한 가지 깨달은 것은 부동산의 가격도 주식만큼은 변동성이 크지는 않지만 지속적으로 등락을 반복한다는 것과 매수자와 매도자의 상황에 따라 매매 금액이 변동될 수 있다는 것이다.

다행히 처음 부동산 사장님이 제시했던 5,300만 원보다는 금액을 조금 더 받아서 손실 규모를 줄일 수 있었다. 만일 보유한 부동산을 처분할 계획이 있다면 가능하면 시간적으로 여유 있게 부동산에 매도 의뢰를 하고 깨끗하게 단장해서, 제일 좋은 조건을 제시하는 사람에게 매도해야 한다.

요즘처럼 정부의 부동산 정책이 홍수처럼 쏟아지지는 않았지만 그 당시에도 부동산 정책에 따라 부동산 거래는 단기, 중장기적으로 영향을 받았다. 이에 따른 가격의 등락이 지속되었던 만큼 정부의 정책 방향에 대해서는 꾸준히 관심을 갖고 각자의 상황에 맞는 대응 방안을 마련하는 것이 좋다.

:: **하계동 S 아파트 시세 변화** ::

연도	1992년	1995년	2021년
시세	5,500만원	5,300만원	6억 3,000만원

부동산 투자,
아내의 촉을 믿어라

"나는 홍제동에 새로 지은 신축 아파트가 좋아 보이던데, 그쪽으로 평수를 좀 넓혀 가면 어떨까?"

"난 거긴 별론데."

"그래? 그럼 생각해둔 곳이 있어?"

"아니, 아직은."

"그럼, 지하철역 인근으로 적당한 곳 찾아볼래?"

1995년, 내 생애 처음으로 장만한 아파트를 손절매하기로 결정한 후 아내와 나눈 대화이다. 나는 직장과도 가깝고 도심에 위치한 홍제동 소재 신축 아파트를 눈여겨보고 있었고, 아내에게 의향을 물었다가 단칼에 거절 당했다. 어차피 부부 두 사람이 만족할 수 있는 위치로 이사를 가는 것이 좋겠다는 생각에 아내

나는 매일매일 주말처럼 산다

에게 마음에 드는 아파트가 어디일지 알아보라고 권했다.

내가 지금도 신봉하는 투자에 대한 팁은 투자 실행 전에 '가족 구성원의 동의를 구하라'이다. 통상적으로 '사업을 시작하기 전에 가족, 특히 배우자의 동의를 우선 구하라'는 말이 있는데 이는 부동산, 주식, 채권, 가상화폐 등에 대한 투자에도 동일하게 적용된다고 생각한다. 왜냐하면 시장의 흐름이 내 기대와 반대 방향으로 움직일 가능성은 상존하고 이렇게 되면 내가 기대했던 수익은커녕 원금 손실로 이어져서 가정불화의 원인으로 작용하기 때문이다. 투자를 잘못해서 돈을 잃을 수는 있지만 가족마저 잃게 되면 안 되기 때문이다. 또한, 가족은 운명 공동체이기 때문에 가족 구성원들의 동의를 구하는 과정을 거치는 게 좋다. 그래야 독단적인 판단에 따른 오류를 쉽게 검증할 수 있는 기회를 얻을 수 있고, 서로 대화를 통해 보다 좋은 아이디어가 결집될 수 있다.

처음 아파트를 장만할 때 융통한 대출금을, 당시에는 개념조차 없었던 DINK(Dual Income No Kids) 족이었던 우리 부부는 신혼 3년간 합심해서 상환을 마친 상태였다. 새로 장만할 아파트는 하계동 아파트 매도금 + 연수기간 동안의 연봉 + 은행 대출 가능 금액을 매입 예산으로 정해서 진행하기로 했다. 연수기간 동안에는 전세를 낀 매물을 찾아서 요즘은 일반화된 투자 수단인 '갭투자'를 하기로 결정한 것이다.

대화를 나눈 며칠 후 아내가 내게 제안한 아파트는 강남구 도곡동에 소재한 H아파트 23평형이었다. 강남구는 지금도 그렇지만 당시에도 부자들만 사는 동네로 나 같은 서민이 갈 수 있는 동네가 아니라는 선입견이 강했던 시절이어서, 사실 나는 검토조차도 하지 않았다. 아내의 입에서 강남구 도곡동에 소재한 아파트라는 말에 처음에는 반신반의하면서 이야기를 들었다. 듣고 보니 H아파트는 매봉역과 인접한 단지로 가구 수도 600여 세대로 그렇게 적지 않고 층수도 중층으로 좋은데도 매매가는 1억 2,500만원 수준으로 내가 생각했던 넘사벽 수준은 아니었다.

신혼 3년간 대출금 상환 때문에 쪼들렸던 게 불편했고 대출금 상환이 끝났으니 더 이상의 은행 대출은 자제하고 여유 있게 살고 싶었다. 하지만 갭투자로 매입한 후 1년 연수 기간 동안 저축이 가능한 돈과 일부 은행 대출을 활용하면 강남구에 입성할 절호의 기회라는 유혹을 뿌리치지 못하고 결국은 매입을 진행했다. 거의 맨손으로 시작한 젊은 부부가 넉넉하지 않은 자금으로 은행 대출까지 활용해서 강남에 입성하는 것이 허영인지 정말 내가 강남구에 살 능력이 되는 것인지 잠시 갈등되기는 했다.

하지만 "대한민국 주부 대부분이 살고 싶어 하는 곳이 강남이고, 나도 그래"라는 아내의 말에 '그렇지, 남자들도 대부분 원하는 곳이 강남이니 수요는 넘칠 것이고 투자 메리트도 당연히 있겠지'라며 용기를 내어 강남구 입성을 결정했다.

PART 3

IMF 체제를
통해 정립한
나만의 투자원칙

은행금리
얼마까지 써 봤니?

"금리가 너무 올라가서 큰일이네?"

"몇 프로인데?"

중국 전문가 과정을 통해 익힌 중국어 및 비즈니스 영어와 7년 넘게 종합상사에서 배운 무역 실무경험을 겸비한 때에, IMF라는 먹구름이 한국 경제를 뒤덮어오고 있던 1997년 말의 상황을 나는 하늘이 내게 주시는 천재일우의 기회라고 판단했다.

당시에 메인 뉴스에 빠지지 않고 등장했던 내용 중 하나는 '우량 중소기업이 판로를 찾지 못해서 양질의 제품을 창고에 가득 쌓아 놓은 채 흑자도산 중입니다'라는 앵커의 멘트였다. 내 무역 실무 경험과 비즈니스 영어 및 중국어 실력을 활용하여 흑자도산 직전의 우량 중소기업 제품을 해외로 수출한다면 우량 중소기업의 회생은 물론 나 자신도 소작농의 신분을 벗어나 명실 상부한 지주로 발돋움할 수 있을 것으로 판단했다. 이런 판단으로 창업을 결심했지만 오래 준비했던 창업이 아니었기 때문에 통장의 잔고는 그리 많지 않았다. 하는 수 없이 아파트를 담보로 S 은행에서 2,000만 원의 대출을 받아서 사업을 시작했다.

선배들의 창업 패턴은 대부분 자신이 담당하던 아이템과 거래처(공급처와 판매처)를 확보한 후 퇴사해 비교적 안정적으로 시작하는 것이었다. 그러나 젊은 내 눈에는 그런 행위 자체가 회사를 상대로 몹쓸 짓을 하는 것으로 여겨졌고, 당시 하늘을 찌르던 나의 알 수 없는 근자감은 그런 배신행위를 하지 않고서도 충분히 성공할 수 있을 것으로 착각하는 데 큰 역할을 했다. 창업 후 약 2년여를 악전고투했지만, 결국 고배를 마시고 사업을 정리하면서 문득 깨달은 것은, '아, 이래서 입사 동기들이 희망 부서를 선착순으로 신청하라고 했을 때 용수철처럼 튀어 나갔던 것이고, 그 당시에 이미 자신의 미래에 대해 나보다 훨씬 더 많이 고민하고 연구했으며 그 결과 사업으로 연결할 만한 아이템을 선점했구나'였다.

그런데 아이러니하게도 내 입사 동기 중 창업에 성공한 동기는 아직까지는 없고 아마도 이번 생에서는 그런 동기를 만나기 쉽지 않을 것으로 생각된다. 그럼에도 어찌 보면 어렸던 신입사원 때부터 나보다 훨씬 더 진지하게 자신의 미래에 대해 고민하고 노력해온 동기들을 보며 반성하고 그들에게 경의를 표한다.

은행에서 사업자금으로 2,000만 원을 대출받을 당시의 이자율은 연 6%대로 견딜 만한 수준이었고 사업이 계획했던 대로만 잘 된다면 전혀 부담스럽지 않을 수준이었지만 안타깝게도 사업은 계획대로 풀리지 않았고, 국내외 경제가 IMF체제로 시커멓게 멍들어 가고 있던 중이었다. 은행 금리는 하루가 멀다 하고 급격한 상승을 거듭하고 있었다. 대출 당시 고정금리보다 이율이 조금 저렴했던 변동금리를 선택했는데, 이 순간의 선택으로 최고 19.8%까지 상승한 대출이자를 감당해야 했다. 이런 부담은 내 생애 처음으로 큰 결심을 하고 시작했던 사업을 일찍 포기하는 계기가 되었다. 이 일은 결과적으로는 내가 은행 대출을 활용한 투자를 할 때 전체 투자금액을 산출하는 나만의 기준을 마련하는 긍정적인 효과도 있었다.

투자 자금 계획,
어떻게 할 것인가?

'한 달 수입 중에 저축할 수 있는 돈이 얼마나 될까?'

경제학에서 사용하는 용어 중 '가처분 소득'이라는 말이 있다. 개인의 총 소득 중 소비 또는 저축을 자유롭게 할 수 있는 소득을 뜻하는 말이다. 그리고 투자자들은 '레버리지'라는 말을 자주 한다. 부동산과 같은 자산에 투자할 때 본인의 투자 자본 이외에 은행 대출금을 조달하여 자산을 매입하는 것을 레버리지를 활용한 투자라고 한다.

부동산을 매입할 때 100% 본인의 자금으로 매입하는 경우도 있지만, 부동산 투자에서 보다 큰 수익을 얻기 위해 은행 대출을 활용하는 경우도 많이 있다. 대부분의 경우 금리 변화가 예측 범위를 벗어나지 않지만 IMF 혹은 글로벌 금융위기 같은

나는 매일매일 주말처럼 산다

큰 파동이 닥칠 경우 레버리지를 활용한 투자는 원리금은 물론 이자도 감당하기 어려운 상황에 처할 수 있다. 왜냐하면 위기 상황에 봉착하게 되면 은행 금리가 오르는 것뿐 아니라 자산가치의 하락이 동시에 진행되기 때문이다.

은행 대출 이율 19.8%라는 살인적인 이율을 직접 경험해본 이후에 원래도 보수적인 투자 성향이었던 내가 나름대로 세운 '레버리지' 방식의 투자 원칙은 매우 단순하다. 부동산 투자 가능 금액을 산출할 때 내가 고려하는 요소는,

1. 투자 가능한 은행 예금

2. 월 평균 가처분 소득 및 그 소득의 가감 가능성

3. 대출 이율이 10%일 경우 가처분 소득으로 커버할 수 있는 대출 이자 및 원금 (전 세계적인 파동이 없는 경우 10% 이상으로 금리가 상승할 가능성은 없다고 판단하기 때문에 10%를 최대치로 산정했다.)

4. 대출 금리 변동성 및 방향성 예측

5. 대출 가능 시기 및 기간

등이다. 부동산 매매 시에는 비교적 큰 금액을 투자하기 때문에 자금 조달 규모 및 시기 등에 대해서는 계약을 진행하기 전에 충분히 확인하고 준비해야 어처구니 없는 피해를 막을 수 있다.

절호의
기회 잡기

폐업 후 벤처기업에 재취업했는데, 중국 등 해외에 인터넷 장비를 수출하던 회사는 중국 사업의 확장을 위해 입사 후 4개월 만에 나를 중국 주재원으로 파견하기로 결정했다.

첫 직장이던 종합상사에서는 적지 않은 직원을 해외 주재원으로 파견했기 때문에 해외로 부임하는 선배들의 재테크 경험담을 심심치 않게 직간접적으로 들을 수 있었다. 모 선배는 보유하고 있던 아파트를 팔고 그 돈을 전부 주식에 투자했다가 본사로 복귀할 즈음에는 쪽박을 찼다는 이야기도 있었고, 어떤 선배는 부동산을 팔고 대출금을 추가해 보다 좋은 지역에 아파트를 사서 연봉 이상의 투자 수익을 거두었다는 등의 무용담도 있었다. 그럴 때마다 막연하게나마 나도 해외 주재원으로 나가게 된다면 재테크 기회로 활용해야겠다는 생각을 하곤 했다.

중국 주재원 파견이 결정되고 출국까지는 약 한 달여의 시간이 남았다. 보유 중이던 도곡동 아파트를 매도하고 다른 아파트를 매입하기에는 시간이 매우 촉박했다. 고민하는 사이 출국일은 하루하루 다가오고 있었다.

공격적 투자와 시장 흐름에 맞춘
매도 시기 정하기

"오늘 부동산에 전화해서 전세 시세를 알아보았는데 1억 2천만 원 정도라네."

"그 사이 전세가가 많이 올랐네."

출국일이 한 달도 채 남지 않은 상황이어서 보유하고 있던 아파트를 매도하는 대신 전세로 임대하고 전세 보증금을 활용해서 공격적으로 투자하는 쪽으로 아내와 합의했다. 친하게 지내던 고등학교 동창의 부모님이 1979년 분양을 받고 그 당시까지 살고 계신 대치동의 E아파트를 전세를 끼고 사게 되었다.

여기서 잠깐! 대치동 E아파트를 매입하던 당시 겪었던 어처구니없는 경우를 부동산 거래 경험이 없는 분들에게 참고가 될 것 같아 공유한다.

나는 매일매일 주말처럼 산다

등기부등본은 반드시 발급 일자가 계약 당일인지 직접 확인하고 '갑'구와 '을'구의 내용을 직접 확인하고 만일 불확실한 부분이 있으면 부동산 중개사 혹은 전문가에게 반드시 계약 진행 전에 확인해야 한다.

매물을 찾던 중 시세보다 500만 원 정도 저렴한 매물이 나왔다는 부동산 사장님의 반가운 연락을 받고 퇴근 후 부동산에서 만나서 계약하기로 약속했다. 저녁 늦은 시간에 부동산 사무실에서 매도인과 마주 앉아서 등기부등본을 확인했다. 발급 일자는 당일 발급한 것이었고, 소유권을 나타내는 '갑'구와 매도인으로 나온 분의 신분증을 확인해보니 본인이 맞았다. 그런데 이게 무슨 일인가. '을'구에 연대(공동) 담보라는 생소한 내용의 설정이 되어 있었다. 부동산 사장님에게 설명을 요청했더니 매도인은 교회 장로님이고 분당구에 소재하는 아파트도 보유하고 있는데 사업 자금 대출 시 대치동 아파트와 분당구 아파트를 공동 담보로 설정했다는 것이었다. 내가 매매 거래를 하려면 '을'구에 설정된 채무를 상환하는 것이 기본 아니냐고 반문하니 중개사는 교회 장로님이라 믿을 만한 분이라는 뚱딴지 같은 답변을 늘어놓았다. 교회 장로님이 믿을 만한 분이라는 것과 내가 매입할 부동산에 그분 명의로 담보가 설정된 것은 전혀 상관이 없는 일이었다.

물론 그 매물은 계약하지 않았다. 요즘은 대부분 이런 일이 별로 없지만 그 당시만 해도 중개인이 매수인에게 부동산에 대한 정확한 정보와 발생 가능한 리스크를 꼼꼼히 알려주지 않고 오히려 초보 매수인들에게는 윽박지르듯이 계약을 종용하는 경우가 비일비재하던 때였다.

부동산 투자에 대한 결과는 본인이 100% 책임져야 되므로 시세보다 조금 싸거나 메리트가 있어 보이는 매물일지라도 해당 부동산의 소유권, 채무 상황 등에 대해서는 반드시 본인이 확인하고 결정해야 한다. 본인이 모르는 부분이나 불투명하다고 판단되는 부분에 대해서는 반드시 부동산 중개사 혹은 전문가에게 질문하여 계약 진행 전에 명확한 답변을 받아야 함을 명심하기 바란다.

다행히도 우여곡절은 있었지만 2001년 중국으로 출국하기 전에 대치동 E아파트를 갭투자로 매입했고, 당시 적용되던 일시적 1가구 2주택의 경우 2년 이내에 기존의 주택을 매도하면 양도소득세를 면제해 주는 혜택을 받기 위해 도곡동 아파트를 기간 내에 매도할 생각을 하고 출국했다.

중국에 부임 후 정부에서는 집값 안정을 위한 부동산 규제 대책을 쏟아내고 있었는데 아이러니하게도 집값은 천정부지로

나는 매일매일 주말처럼 산다

치솟기 시작했고, 당시 도곡동과 대치동에 아파트를 보유하고 있던 나는 아파트값 상승의 기쁨을 두 배로 누리고 있었다. 부임 직후 두세 달 만에 연봉 이상의 매매가 상승을 경험했다. 그 기쁨은 그동안 한 번도 느껴보지 못한 신세계였고 직장에서 받는 월급이 용돈 수준의 푼돈으로 여겨질 정도로 내 마음 속 겸손함은 이미 가출하고 말았다. 중국 부임 후 1년 정도 지나는 시점에 양도소득세 면제 혜택을 누리기 위해 서울에 계신 장인께 도곡동 아파트를 2억 2,000만 원으로 매도를 부탁드렸고 얼마 지나지 않아서 연락을 주셨다.

"현 서방, 지방에서 올라온 사람인데 매매가를 500만 원만 깎아 달라네. 깎아주고 매도하자."

"아버님, 죄송하지만 안 된다고 전해주세요."

"그래도, 이번에 매도하는 것이 안전하지 않을까?"

"아니요, 조금 더 두고 봐도 나쁘지 않을 것 같습니다."

결국 약 9개월 뒤인 2002년에 당초 목표가였던 2억 2,000만 원보다 1억 4,000만 원 더 받고 매도하여 거의 세 배에 가까운 수익률을 기록할 수 있었다. 그 당시 내 나름대로 부동산 시세의 변화를 주의 깊게 파악하려고 노력했고 당분간은 상승세를 유지할 가능성이 크다는 판단으로 매도를 하지 않은 것이 더 큰 수익을 얻는 결과로 이어졌다.

　물론 장인께서 말씀하셨던 때가 최고점이었을 수도 있지만 나는 그렇지 않을 가능성이 더 크다는 생각으로 모험 아닌 모험을 한 것이고, 그런 선택의 바탕에는 설령 현재의 금액에 매도를 못하더라도 결과는 고스란히 내가 책임진다는 다짐이 깔려 있었다.

:: **도곡동 H 아파트 시세 변화** ::

연도	1995년	2002년	2021년
시세	1억 2,500만원	3억 6,000만원	21억원

아파트 거래 팁

우리나라는 '아파트 공화국'이라는 별칭이 있을 만큼 전국에 수없이 많은 아파트가 있습니다. 그렇다 보니 대다수는 최소한 한 번쯤은 아파트를 거래할 가능성이 매우 높습니다. 실거주용 혹은 투자용으로 아파트를 매수하는 경우 고려할 점에 약간의 차이는 있지만 일반적으로 아파트를 매입할 때 과정별 주의해야 할 내용을 정리했습니다.

1. 예산(보유 현금 + 대출 가능 금액) 및 평형 확정
2. 예산으로 매입이 가능한 대상 지역(역세권, 숲세권, Park 세권 등 추천) 선정
3. 대상 지역 내 아파트 단지 선정(500가구 이상 유명 브랜드 단지, 건축 연도, 대지 지분, 건폐율, 용적률, 재건축 추진 여부 등 고려)
4. 선정 단지 인근 부동산에 매물 의뢰
5. 단지 및 인근 답사 및 대중교통 현황 파악
6. 추천 매물 방문을 통해 매물 상태(누수 등 하자 유무) 점검 및 매도인의 매도 사유 파악
7. 매도인의 요구 사항(빠른 잔금 or 늦은 입주 or 세입자 승계 등) 및 매물 상태에 맞춘 가격 협상
8. 계약서 작성 시 등기부등본 확인(계약 당일 발행된 등기부등본 상 '갑

구'에는 소유권 '을구'에는 소유권 이외의 저당권, 전세권, 지상권 등의 권리 관계가 기재되어 있습니다. '갑구'에 기재되어 있는 사람과 계약자가 동일인이어야 하고(본인이 아닌 가족이 대리인으로 계약할 경우에는 위임장과 위임용 인감이 첨부되어야 합니다), '을구'에는 저당권, 전세권, 지상권 등 부동산의 권리를 제한하는 내용이 없어야 합니다. 만일 '을구'에 저당권 등이 기재되어 있을 경우 잔금 전까지 해당 사항을 말소하는 조건을 계약서의 특약사항에 반드시 추가하여 계약

9. 잔금 시 잔금 당일에 발행된 등기부등본에 '갑구', '을구'에 하자가 없는지 확인하고 관리비 및 공과금 정산 확인 후 잔금 전달

PART 4

너무 일찍
샴페인을
터트렸나?

작은 성취에
들뜨지 말자

"영호야, 잘 지내지? 너 출국 전에 산 대치동 E아파트 가격이 많이 올랐더라. 이 정도에서 파는 게 좋지 않을까?"

"아니, 대치동 E아파트는 계속 보유할 계획이고 도곡동 아파트는 좀 더 두고 보다가 매도할 계획이야."

중국으로 부임한 지 3개월여가 지난 2001년 8월, 한국에서 친한 친구에게 걸려왔던 전화 통화 내용이다. 약 3개월 만에 새로 매입한 아파트의 가격이 웬만한 직장인의 연봉만큼 올랐고, 오른 금액이 다시 떨어질 수 있으니 지금까지의 이익을 실현하는 차원에서 매도하는 게 좋지 않겠냐는 친구의 권유였다. 그러나 그 당시 내 판단으로는 아파트 매매가 상승은 당분간 지속되리라 예상했고 더욱이 주재원 생활을 마치고 귀국하면 실 입주

할 생각으로 매입한 아파트였기 때문에 별다른 걱정이나 조바심은 없었다.

조상님의 은덕인지는 모르겠지만 중국 주재원으로 인사 발령을 받고 강남구 도곡동과 대치동에 각 1채씩 아파트 2채를 보유하자마자 서울 아파트 가격이 급격한 우상향 커브를 그리면서 내 자산도 급격히 늘어났다. 주재원 부임 1년이 조금 지난 시점에는 보유 아파트 2채의 시세가 그 당시 내가 마음속으로 꿈꾸고 있던 순자본 5억 원을 상회하고 있었다. 목표로 정했던 순자본 5억 원은 매우 단순한 이유로 정한 기준이었는데, 중국 출국 전에 거주하던 도곡동의 H아파트 단지 주변에는 대지 약 60~70평, 5층 내외의 상가 주택 단지가 있었고, 대략적인 시세가 5억 원 전후였다. 구체적이지는 않았지만 그 정도 상가 주택을 소유하게 된다면 조기 은퇴하여, 5층에서 거주하면서 나머지 층에서 얻을 수 있는 임대소득으로 편안하게 살 수 있을 것으로 생각했었다. 그래서 그 당시 내 머리속의 '파이어족'이 되기 위한 재산은 5억 원이었다.

내가 보유했던 아파트 2채의 가격이 앞서거니 뒤서거니 하루가 멀다 하고 서로 경쟁하듯 신고가를 찍고 있었기 때문에 2채의 시세는 전세 보증금을 제하고 이미 순자본 5억 원을 상회하

나는 매일매일 주말처럼 산다

게 되었다. 잘하면 30대 후반에 은퇴해서 무위도식 할 수도 있겠다고 생각했다. 그 당시에는 용어조차 물론 없었지만 지금 생각하면 아마도 나는 그 시점 훨씬 이전부터 '파이어족'을 꿈꾸고 있었던 것이다.

부동산 가격의 상승으로, 아파트 2채의 평가액이 순자본 규모를 넘어서게 되자 이제는 즐길 일만 남았다는 자만심에 젖게 되었고 회사에서 받는 월급이 하찮아 보이기 시작했다. '곳간에서 인심 난다'고 했듯 마음에 여유가 생기자 머리털 나고는 처음으로 본가와 처가 식구들에게도 크게 한턱내고 싶었다. 내가 근무했던 북경과 상해에 본가, 처가의 부모 형제들을 항공권 등의 모든 여행경비를 부담하기로 하고 초청했다.

당시 아내와 농담으로 주고받았던 말 중에, "요즘 누가 직접 돈 버니? 부동산이 하루 24시간 벌도록 만들어야지!"라고 했던 것이 생각난다. 비록 농담이었지만 그때부터 그런 생각을 많이 하게 되었고 실행에 옮기고자 하는 마음이 움트고 있었다. 자고 일어나면 아파트 시세는 연일 신고가를 갱신했고 그렇지 않아도 높았던 나의 근자감은 하늘을 찔렀다. 지금 생각해보면, 그때 이뤘던 작은 성취에 도취되어 너무 일찍 샴페인을 터뜨릴 것이 아니라 은행 대출 등을 적극 활용하여 보다 더 공격적인 투자를

했어야 했다. 그랬더라면 지금보다 훨씬 더 큰 성취를 얻을 수 있

었을 거라고 반성한다.

생각보다 시장의
트렌드는 오래 간다

"앞으로 집값이 어떻게 될까?"

"2년 넘게 올랐고 정부에서도 계속 규제하겠다고 하고 있으니 조만간 꺾이지 않을까?"

어느 때부터인가 우리 부부의 주요 관심사가 된 부동산 가격 동향에 대해 귀국 즈음인 2003년 연초에 나눈 대화다. 부동산에서의 성취와는 달리, 중국에서 1년 6개월 정도를 근무했을 시점부터 본사의 신제품 개발이 계획했던 일정과는 전혀 다른 방향으로 전개되었다. 이로 인해 신제품 출시 일정에 큰 차질이 빚어지게 되었다. 아이템의 특성상 약속한 일정에 신제품을 공급하지 못하면 고객사도 사업 전개에 큰 차질을 유발하고, 그런 틈을 경쟁사들은 여지없이 파고드는 상황이었다. 그러다 보니 1년여의 고생 끝에 확보했던 신규 고객이 이탈하는 지경까지 이르렀다. 이런 위기 상황을 돌파하고자 본사 사장님에게 SOS를 타전했으나 비대해진 본사 연구실은 이미 통제하기 어려운 상황이었고 개선의 기미가 보이지 않았다. 결국 나는 퇴사를 하고 중국으로 파견된 지 약 2년 만에 귀국했다.

중국 부임 직전부터 2003년 귀국 시점까지 지속적으로 상승해온 부동산 가격이 이제는 꼭짓점에 도달했다고 생각했기 때문에 아파트 투자로는 더 이상의 큰 수익을 내기는 어려울 뿐만 아니라, 오히려 그간의 수익을 반납해야 할 수도 있는 등 기대 수익 대비 리스크가 훨씬 더 큰 상황이라고 판단했다. 이런 생각은 우리 부부의 관심을 아파트에서 토지 투자로 전환하는 결정적인 원인이 되는데 예상했던 것과는 달리 아파트 시장의 과열 현상은 그 뒤로도 약 3년 정도 지속되었다.

지금 생각해보면, 다른 아이템과 마찬가지로 부동산 시장에도 매우 다양한 특성의 플레이어가 각자의 상황에 맞게 거래를 하는 것이기 때문에 경제 환경의 급변화 등 결정적인 외부 요인이 발생하지 않는 한 단기간 내에 동일한 방향(상승 혹은 하락)으로 변하기는 쉽지 않고, 특히 부동산의 매매가격은 다른 재화에 비해 무거운 특성이 있어서 대다수의 시장 참여자들이 장기적인

나는 매일매일 주말처럼 산다

계획을 갖고 움직이고 있다는 것을 그때는 간파하지 못했다.

앞에서 서술한 것처럼 실수요자일 경우는 물론 투자자의 관점으로 부동산에 접근할 때 제일 먼저 파악해야 하는 것은 자신의 투자 성향에 대한 이해이다. 자신이 기대하는 투자 수익률이 비록 적더라도 비교적 안정적인 투자를 원하는 보수적인 성향인지, 아니면 리스크를 감수하더라도 높은 수익률을 선호하는 공격적인 성향인지에 대한 판단이 있어야 한다. 왜냐하면 내가 결정한 투자에 대한 성적표는 오로지 나만이 책임질 수 있기 때문이다.

비교적 보수적인 성향의 우리 부부가 2003년 하반기를 꼭짓점일 것이라고 판단했던 기저에는 분명히 우리의 투자 성향도 큰 영향을 미쳤을 것이다. 만일 공격적인 성향이었다면 보다 큰 수익을 위해 리스크를 감수하고 아파트에서 토지로 투자 대상을 전환하는 시기가 좀 더 늦춰졌을 것으로 생각된다.

만일 그때로
돌아간다면

"돈이 사람을 따라야지, 사람이 돈을 따르면 돈은 더 멀리 도 망가고 사람만 추해진다."

예전에 상사가 비 오는 창밖을 물끄러미 바라보다 밑도 끝도 없이 한 말이다. 그분이 갑자기 왜 그런 말을 독백처럼 했는지 되묻지 않았기 때문에 정확한 이유는 지금도 모른다. 그 당시 경험이 일천했던 나로서는 막연하게나마 '그렇겠지'라고 공감하는 정도였는데 세월이 흐르고 나이가 들면서 나와 내 주변 사람들 의 경우들에 그 말을 투영하면 할수록 명언이라는 생각이 든다. '세상 만사가 뜻대로 되지 않는다'는 어떤 유행가 가사처럼 세상 의 모든 일이 수학 공식처럼 일정한 법칙에 의해서 인풋과 아웃 풋이 결정되어 있지는 않다. 특히 돈을 버는 일은 자신의 노력뿐만 아니라 과학적인 논리로는 설명이 불가한 '운' 등의 요인에 따라 결과가 크게 차이 나는 경우가 비일비재하다.

지금도 간혹 도곡동과 대치동에 아파트를 동시에 보유하고 있었던 2001~2003년 당시 혹은 2003년 귀국 후 아파트 투자에서 토지 투자로 관심 분야를 전환할 당시를 되돌아보면서 '그때 좀 더 공격적인 투자를 할 걸 그랬나?'라고 후회 혹은 반성을 하기도 한다. 하지만 한 번 생각해보면 무엇보다도 중요한 것은 내 성향이고 나처럼 보수적이라면 보수적인 투자 방법을 견지하는 것이 맞는다는 결론에 도달하게 되었다. 아마도 시계를 되돌려서 그 시기로 돌아간다고 하더라도 비슷한 투자를 할 것으로 생각된다.

인생을 살다 보면 종종 '주객이 전도'되는 경우를 마주하게 되는데 그럴 때에는 본질에 충실한 판단을 하도록 노력해야 한다. 모든 경제활동이 그렇듯이 부동산 투자, 주식 투자 등 모든 투자활동이 수익을 창출하기 위한 것이고 수익을 창출하려는 이유는 좀 더 여유롭게 인생을 살고자 하는 목적을 달성하기 위함이다.

투자에 몰두하다 보면 더 큰 수익률에 욕심을 내게 되고 그러다 보면 자신의 성향을 무시한 무리수를 두게 되는데, 요행이 그 무리수가 적중해서 기대 수익률을 만족시켜 준다면 그나마

다행이지만 대부분 그렇지 못하고 너무 심한 무리수를 둘 경우 경제적인 자유는커녕 오히려 벗어나지 못할 크나큰 손해를 입게 되는 경우가 허다하다. 특히, 투자에 대한 금전적인 이득의 대가로 자신의 정신적, 신체적 피폐가 예상되는 경우라면 과감히 그 기회를 포기할 것을 권한다.

코로나19로 촉발된 팬데믹 상황이 1년 넘게 지속되면서 남녀노소 누구를 막론하고 지쳐가고 있고, 그렇다 보니 이에 대한 반동으로 세대에 관계없이 '파이어족'을 꿈꾸는 인구가 폭발적으로 늘어나고 있다. 자본주의 경제에서 경제적 자유를 하루라도 빨리 얻는다는 것은 달성하기 어려운 목표이며 아무에게나 주어지지 않는 큰 행운임은 분명하지만 반드시 명심해야 할 것은 공짜로 주어지는 것은 없다는 것이다.

돈 많은 부모에게서 태어난 극히 일부분의 금수저를 제외한 대다수의 '파이어족'은 나름대로 철저한 분석과 의사 결정을 통해 오랜 세월 노력해서 비로소 성취한 것이다. 때문에 그들이 거쳐온 과정은 무시하고 현재 누리고 있는 현실에만 현혹되어 성급한 마음으로 접근한다면 그 목표는 신기루처럼 절대로 손에 잡을 수 없는 곳으로 계속 멀어져갈 것이다.

그럼에도 희망적인 것은 대부분의 '파이어족'들이 자신의 분석과 판단으로 계획을 세우고 꾸준히 실천함으로써 어느 순간에는 경제적인 자유라는 목표를 달성하고 있다는 것이다. 누구든 자신의 상황에 맞는 단기, 중기, 장기목표를 세우고 달성하기 위해 성실하게 노력한다면 정도나 시간의 차이는 있을 수 있지만 언젠가는 '파이어족'에 합류할 기회가 열려 있다. 오늘은 신기루처럼 멀게만 느껴지는 목표 달성을 위해 계획하고 실천하기 시작하면 내일, 그리고 모레에는 그만큼씩 내가 목표에 가까워지는 경험을 하게 되고 이런 경험을 즐기다 보면 어느새 '파이어족'으로의 변신에 성공하게 된다. '완성된 인생'이란 없다고 생각한다. 각자가 정의한 완성에 가능하면 가깝게 다가가기 위해 죽을 때까지 계속 노력하는 것이 인생 아닐까.

PART 5

정부의
부동산 정책을 보고
투자의 방향을
정한다

쏟아지는 정부 정책,
비판만 할 것인가?

"이번 주말에는 원주로 놀러갈까?"

"좋지, 원주에서 다른 일정이 있는 건 아니지?"

2003년 귀국할 즈음에 뉴스에서 많이 본 것 중에 정부가 주거용 부동산에 대한 규제에 더해 비사업용 토지에 대한 규제를 강화하겠다는 내용이다. 그 당시는 전원주택 붐이 일고 있었고 정부에서는 토지 시세의 급등을 염려해서 선제적 조치를 취하려는 목적으로 규제를 만들고 있다고 판단했다. 아이러니하게도 토지규제에 대한 뉴스를 접할수록 토지 시세가 당분간 강세를 보일 것이라는 내 느낌은 확신으로 변해가고 있었고, 앞으로는 아파트에 대한 투자보다는 토지 투자가 수익률이 높겠다고 생각하여 투자의 방향을 아파트에서 토지로 전환하기로 결정했다.

지금 돌이켜보면 이런 내 판단이 일부는 맞고 일부는 틀렸다고 생각된다. 아파트 등 주택 부문의 가격 상승세는 내가 꼭짓점이라고 생각했던 2003년 하반기보다 약 3년이나 지난 뒤에야 도달했던 반면, 토지 수요의 증가로 토지의 매매가가 상승한 점은 내 예상과 일치했다.

중국에서 근무하면서 중국인들에게서 자주 들었던 말 중에 '중앙 정부에 정책이 있으면, 지방 정부에는 대책이 있다'라는 표현이다. 중국 정부에서 어떤 정책을 내던 그를 피해갈 대책을 세워서 나름의 살길을 찾아갈 수 있다는 의미이다.

정부에서 발표하는 규제책은 대부분 사람들의 심기를 불편하게 한다. 특히 자유민주주의 경제 환경에 흠뻑 젖어 있는 사람들에게 정부가 되었든 누군가 타인의 규제를 받게 되면 매우 불편한 느낌을 받게 된다. 그 당시에도 정부 규제책이 연일 쏟아지는 상황에 대해 불평불만을 늘어놓던 주변 동료들이 매우 많았다.

"하루가 멀다 하고 연일 규제책을 쏟아 붓더니 이제는 토지 양도소득세도 올린다는구만."

주변 지인들이 부동산 투자를 화제로 올릴 때면 너나 할 것 없이 툴툴거리며 하던 말이었다.

나는 매일매일 주말처럼 산다

"비업무용 토지를 단기간 내에 매도할 경우, 양도차익의 60% 까지 세금으로 걷어간다지? 앞으로 토지 투자로 돈 벌기는 쉽지 않겠네"라는 말도 대부분의 지인들이 이구동성으로 하던 말이다.

나 역시도 정부의 연일 이어지는 규제책이 불만스러웠으나 중국인들의 태도를 곁눈질로 배운 결과였는지는 모르겠지만 불만을 표출하는 대신 규제의 목적과 이에 대한 대응 방안을 모색하려고 노력했다. '내가 바꿀 수 없는 것에 불평을 늘어놓는 대신 내가 할 수 있는 일을 하자'라는 현실감을 가지려 한 것이다.

'세금을 올리면 투자 수익 측면에서 불리한 것은 사실이지만 그래도 수익이 날 경우에 한해서 세금을 징수하는 것이고 은행 예금이자율을 생각하면 양도소득세 60%를 낸 후의 차익 40% 만이라도 어마어마한 수익률이 되는 거지. 관건은 아파트든 토지 든 어떤 매물이 투자가치가 있을 것이며 어느 정도의 차익을 목표로 하느냐이다'라는 생각으로 생애 처음으로 사전적 의미의 명실상부한 지주가 되기 위한 토지투자를 결심했다.

정부 정책의 이면을 이해하려면
사회 변화를 봐야 한다

"비업무용 토지의 양도소득세가 60%로 상향 조정된다는데 토지 투자가 의미가 있을까?"

"양도소득세라는 것이 기본적으로 매매차익에 대해 부과하는 것이고 세금 60%를 내더라도 40%는 보장되는 것이라 매매 가격이 오르기만 한다면 손해 보는 게임은 아닌 거 같아. 더군다나 은행에 예금했을 경우하고 비교하면 훨씬 유리한 조건인 거 같고."

2003년 귀국 후 뉴스에서 심심치 않게 접했던 토지 매매에 대한 양도소득세율 인상 관련 내용에 대해 동료와 나눈 대화이다.

여담이지만 2021년에도 LH 사태가 불거진 이후 토지 투기를 원천적으로 차단하겠다는 의지의 일환으로 단기 차익에 대해서는 최대 70%의 세금을 징수하겠다는 정부의 발표가 있었다. 개인적으로는 부동산 거래에 대해 정부가 지나치게 개입하면 수요공급의 원칙에 따라 매매가 자유롭게 이루어져서 유기적으로 순환하여야 하는 시장경제를 인위적으로 왜곡시키는 결과를 초래하며, 이에 시장의 순기능은 매우 제한되고 예기치 못한 부작용으로 시장 참여자들 모두가 고통을 받게 되는 모순이 수반될 수밖에 없다고 생각한다. 그렇지만 정부의 정책을 내 생각이나 목적에 맞게 조정할 수 없는 상황이라면 불평만 늘어놓고 정권이 바뀔 때를 기다릴 것이 아니라, 중국인들의 말처럼 정부가 새롭게 정한 정책 하에 나는 어떻게 내 목적을 달성할 것인가에 집중하는 것이 '파이어족'을 꿈꾸는 사람에게는 훨씬 현명한 태도이다.

집권 직후부터 주거용 부동산에 대한 규제책을 지속적으로 발표했던 당시의 정부가 집값의 폭등을 목도하면서 토지 규제책을 추가하는 것은 무엇을 의미하는지에 대한 나의 관심은 날로 커졌고, 내 나름으로 내린 결론은 정부는 주거용 부동산 매매가의 급등 뒤에 토지 매매가의 급등이 수반될 것을 염려하는 것으로 귀결되었다. 이에 더불어, 지금은 팬데믹의 반작용으로 인하여 마당이 있는 주택에 대한 수요가 폭증했지만, 2003년 즈음에는 특별한 요인이 없었음에도 불구하고 수도권 인근을 중심으로 주말주택이라는 명칭의 주택 수요가 서서히 증가하고 있었으며 이에 힘입어 서울 접근성이 훌륭한 양평, 용인, 이천, 여주 등지의 주택 건축이 가능한 토지 매매가는 우상향 커브를 그리고 있었다.

정부의 정책 방향과 사회의 변화 추이를 나름대로 판단한 뒤에 필요한 것은 실행이었고, 주말이면 한 주가 멀다 하고 강원도 등지로 여행을 다니던 우리 부부는 풍광이 좋은 관광지 탐방과 맛집 순례 등 기본적인 여행의 목적에 부동산, 특히 토지 답사를 추가했다. 그렇게 토지를 매입하기로 마음을 정한 뒤, 주말만 되면 산 좋고 물 좋은 지역을 정해서 여행 가는 기분으로 답사를 다녔다.

우선 대상지를 선정할 때 가장 중요하게 생각한 것은 '서울과의 접근성'이었다. 이유는 그 당시 '주말주택' 붐이 서서히 일기 시작했는데 말 그대로 주중에는 도시에서 열심히 일하고 주말에는 지방에 집을 짓고 쉰다는 의미의 집이었기 때문이다. 서울에서 최대 2시간 이내에 있는 지역을 위주로 답사를 계획했고, 기존에 자주 이용했던 콘도가 있던 원주를 중심으로 답사를 시작했다.

원주에서 안흥으로 넘어가는 길을 따라 치악산 쪽으로 좀 더 깊숙이 들어가면 강림면이라는 곳이 있는데 이곳은 주변에

나는 매일매일 주말처럼 산다

고압 송전탑, 축사, 분묘 등 유해시설이나 기피 시설이 없고 폭넓은 강을 조망할 수 있는 언덕에 주말주택들이 하나 둘씩 들어서고 있었다. 2004년에 이곳을 집중적으로 답사했지만 내가 기대했던 것보다는 훨씬 높은 가격의 매물 이외에는 없었고, 그 지역에서 농사를 짓던 회사 동료의 매형을 만난 후에 답사 대상 지역을 바꾸게 되었다.

"안녕하세요. A부장 소개로 찾아뵀었습니다. 주변에 주말주택 지을 만한 토지 매물이 있을까요?"

"있기는 한데 요즘 가격이 급등을 해서 소개하기도 민망한 수준일세. 3년만 일찍 오지 그랬나. 예전에 평당 3,000원 하던 밭을 지금은 30,000원 줘도 안 판다고 하니, 참네."

"아, 그래요? 제가 대략 10년 전쯤인 1992년부터 강원도를 한 주가 멀다 하고 여행왔는데 그때부터 관심을 가졌더라면 재벌됐겠네요."

몇 차례 답사에도 적당한 매물을 찾지 못하게 돼서 원주 인근에서 풍광이 제일 좋은 곳으로 유명한 신림면으로 대상지를 옮겼는데 이곳은 물길이 훨씬 다채로워서 그랬는지 산림이 우거지고 조금 습한 기운이 느껴졌음에도 당시 매매 호가는 강림면의 2배 이상이었다. 신림면 이후에는 횡성을 답사했는데 횡성은 한우가 유명한 만큼 축사 또한 많아서 쾌적한 환경의 토지를 찾기가 쉽지 않았고 자연스럽게 답사 대상지는 횡성과 인접한 홍천으로 변경되었다.

주중에 인터넷으로 대상 매물을 검색하여 현지 부동산 중개소에 답사를 요청해서 주말에 답사하는 일정으로 홍천 지역을 답사했지만 쉽사리 적당한 매물을 찾을 수는 없었다. 약 1년여 답사 끝에 2005년 초 드디어 내 목적에 약 80% 정도 부합하는 매물을 찾게 되었다.

비록 우리나라 국토가 그리 넓지는 않지만 금수강산이라는 별칭이 있듯이 산과 강이 어우러지면서 연출하는 아름다운 풍광이 비교적 많다고 생각했기 때문에 토지 답사를 시작할 때만 해도 괜찮은 토지를 쉽게 찾아낼 수 있을 것으로 생각했다. 그런데 막상 세밀하게 접근해보면 고압 송전탑, 축사, 묘지 등이 없고 볕 잘 드는 양지바른 집 짓고 살만 한 토지는 그렇게 많지 않았다. 답사 초기에는 100% 이상 흡족한 매물을 찾아야 계약하리라 결심했었지만 답사 기간이 길어지면서 우리 부부는 지쳐가고 있었고, 당시 어린 나이였던 아이의 볼멘소리는 점점 높아지고 있었다. 더욱이 현지답사를 묵묵히 수행해준 현지 부동산 중개소 사장님에 대한 미안한 마음도 점차 커지고 있었기 때문에 미

나는 매일매일 주말처럼 산다

흡한 부분이 있기는 했지만 대략 80% 정도 흡족한 매물이 찾아져서 계약서에 서명했다.

부동산 매매를 할 때 한 가지 참고할 점은, 매수인이나 매도인 대부분이 각자의 상황에 따라 매수, 매도를 한다는 점을 명심하고 가격 협상에 임해야 한다. 심심치 않게 부동산 중개소 사장님이 거래하기 어렵겠다고 하는 가격에 계약서가 작성되는 것은 매수, 매도자의 상황에 맞는 가격이 체결되기 때문이다. 부동산 업계에서 흔히 쓰는 표현 중에 '임자끼리 만났다'는 이런 경우를 두고 하는 말이다.

홍천에서 구입한 토지의 경우, 1차 흥정 후 매도인이 최초 호가에서 10%를 낮춘 가격으로 계약하는 것에 동의했다는 연락을 받았고, 5%를 추가로 조정해 달라는 내 요청에 난색을 표했지만 결국은 그 가격에 계약을 체결할 수 있었다.

협상 과정에 매도인이 캐나다로 이민을 준비하는 중이어서 토지를 빠르게 매도하고자 한다는 내용에 주목했고, 5% 추가 인하에 동의하면 잔금 일정을 통상적인 거래보다 빠르게 해주겠다는 조건을 추가했기 때문에 가격 협상에 성공할 수 있었다.

토지 거래 팁

파릇파릇한 잔디밭과 텃밭에서 키운 채소를 곁들인 바비큐 파티는 아스팔트로 둘러싸인 도시생활에 지친 도시인들에게는 이미 오래전부터 로망이 되어왔다. 특히 코로나 19로 촉발된 팬데믹 상황이 1년 넘게 지속되면서 타인의 방해 없는 내 가족만의 야외 공간에 대한 수요가 나날이 커지고 있습니다. 이런 수요를 충족하기 위해 전원주택을 건축할 만한 토지를 찾는 분들을 위해 토지 매입 시 주의해야 할 사항을 정리했습니다.

1. 예산(보유 현금 + 대출 가능 금액), 토지 용도 확정
2. 예산으로 매입이 가능한 대상 지역 선정
3. 부지 규모 및 형질 선정(내 목적에 맞는 평수와 대지, 전, 답, 임야 등 형질)
4. 해당 지역 부동산에 매물 의뢰
5. 현장 답사 및 도로 상황 파악(지적도를 통해 도로와 접하지 않은 맹지인지 여부를 확인해야 합니다. 맹지에는 건축이 불가하기 때문입니다. 지적도 이외에 토지대장과 토지이용계획확인서도 함께 확인하여 주택 건축 등 개발행위를 제한하는 요소가 있는지도 확인해야 합니다.)
6. 토지 인근에 기피 시설(고압 송전탑, 축사, 분묘 등) 유무 확인
7. 매도인의 요구 사항 및 매물 상태에 맞춘 가격 협상
8. 계약서 작성 시 등기부등본 확인(아파트 매매와 동일하게 '갑구'에 기재되

어 있는 사람과 계약자가 동일인이어야 하고(본인이 아닌 가족이 대리인으로 계약할 경우에는 위임장과 위임용 인감이 첨부되어야 합니다), '을구'에는 저당권, 지상권 등 부동산의 권리를 제한하는 내용이 없어야 합니다. 만일 '을구'에 저당권 등이 기재되어 있을 경우 잔금 전까지 해당 사항을 말소하는 조건을 계약서의 특약사항에 추가하여 계약

9. 잔금 시 잔금 당일에 발행된 등기부등본에 '갑구', '을구'에 하자가 없는지 확인한 후 잔금 전달

정부의 부동산 개발
정보 활용하기

"여주와 장호원에서 10분 거리 남짓한 곳에 충주시 앙성면이라는 곳이 있는데 대지가 싸게 나왔습니다."

"아, 그래요? 주말에 답사 가겠습니다."

지금까지는 정부의 개발 계획과는 무관하게 오로지 우리 부부의 감에 의존해서 부동산 매입을 결정해왔었다. 아파트는 물론 홍천 토지를 매입할 때에도 뉴스를 통해 사회의 트렌드가 변하는 방향과 이에 대한 정부의 대응 정책을 이해하고 예측하려고 노력했고 그것을 토대로 대상 지역과 매물을 찾아서 투자했다. 전원주택 혹은 주말주택 붐이 일어나면서 서울 접근성이 우수한 양평, 용인, 이천, 여주 등 지역의 토지는 날이 갈수록 각광을 받고 있었고 가격도 이미 폭등할 기미를 보이고 있었다. 실수요 및 투자 수익도

나는 매일매일 주말처럼 산다

기대하고 있었던 내 나름의 판단기준으로 이들 지역의 가격이 이미 높게 형성되어 수익률이 낮을 것으로 판단했지만, '뛰는 말에 올라 타라'는 말처럼 가능하다면 이들 지역에서 저평가된 토지를 매입하고 싶은 마음에 간헐적으로 답사를 하곤 했었다.

답사 과정 중에 해당 지역 부동산 중개소 사장님들과 안면이 트이고 이런저런 이야기를 통해 주변 개발 호재를 듣기도 했다. 그중 하나가 '성남 ~ 장호원' 구간에 자동차 전용도로가 확정되었고 완공되면 성남에서 장호원까지 1시간 이내에 도달할 수 있게 된다는 내용이었다. 당시 2009년 완공 예정이고, 완공이 되면 상시 정체 구간이 많은 기존의 3번 국도와는 별도로 자동차 전용도로로 개통이 되어 한 시간 이내에 서울에 도달할 수 있는 곳으로 향후 이 지역의 토지 시세도 많이 오를 것으로 예상되었다.

이에 장호원 일대의 토지 매물을 2005년부터 답사하기 시작했고 약 두 달 후에 해당 지역의 부동산 중개소 사장님에게 받은 전화 내용이었다. 답사 결과 목표로 했던 여주나 장호원은 아니었지만 야트막한 야산의 앞쪽에 2차선을 바라보고 있는, 남한 강과 인접한 평범한 토지였는데 소개하신 분 말씀대로 가격적인 메리트가 있어 보이는 토지였다.

최근 세간에 떠들썩하게 회자되고 있는 LH 직원들의 땅투기에서 거론되고 있는 개발 계획은 정보를 획득하는 시기에 따라 수익률이 큰 차이가 있을 수 있다. 나 같은 개인투자자들이 고급 정보를 접할 가능성은 없지만 개발 계획의 특성상 대중에게 공표된 이후에도 개발이 완성되기까지는 최소 수년의 시간이 필요하다. 또 개발의 진척 상황에 따라 부동산 가격은 지속적으로 상승하는 특징이 있기 때문에 부동산 투자를 염두에 둔 사람이라면 일반에게 공개되는 개발 계획이라도 관심을 가져야 한다. 개발 계획이 발표된 지역 중 자신의 자금 사정 등에 부합되는 지역을 선정하면 해당 지역에 대해 지속적인 관심을 갖고 관련 뉴스를 분석해야 하고 현지 부동산 중개소 등과 교류를 통하면 투자에 도움이 될 가치 있는 정보를 의외로 많이 얻을 수 있다.

해당 토지의 주변에 특별한 기피 혹은 유해시설이 없음을 확인한 후 매입했고, 몇 년 후 매입가 대비 2배를 조금 넘는 금액으로 매도했다. 당초 매입할 때 고려했던 '성남~장호원간 자동차 전용도로'는 예산 문제로 차일피일 미뤄져서 매도한 후에도 몇 년이 더 걸려서 완공되었는데, 그 토지를 나한테 매입한 분은 남한 강변으로 주택을 지을 만한 토지를 찾고 있었다고 한다. '성남~장호원 자동차 전용도로' 건설이 내가 해당 토지를 매도할 때까지 비록 완성되지는 않았지만 내가 그랬듯이 나에게 매입한 분 역시도 개통될 경우 서울과의 접근성 개선이 큰 호재로 작용할 것으로 생각해서 매입 결정을 했을 것으로 생각된다.

부동산 투자에서
중요한 건 타이밍

"여보세요? 누구신가요?"

"현영호 씨 되시죠? 저는 홍천에 있는 H부동산 중개인입니다."

"네? 무슨 일이시지요?"

"네, 홍천 야시대리에 땅 소유하고 계시지요? 제 손님이 그 땅을 사고 싶다고 하셔서요."

"아, 그러세요? 그런데 어쩌죠? 저는 지금 캐나다 밴쿠버에 있고 팔 생각은 아직 안 해 봤습니다."

"네. 거기 계시다는 거 여기 가족분들에게 확인하고 연락드리는 겁니다. 매도 의향이 있으시면 제가 매매 서류 준비해서 그리로 가겠습니다."

"네? 여기로 오시겠다구요? 그 토지 매입한 지 이제 6개월 남

나는 매일매일 주말처럼 산다

짓 되었고 아직 매도할 생각을 해본 적은 없어서 좀 갑작스럽네요. 생각을 좀 해보겠습니다. 다시 연락해 주세요."

"네, 그렇게 하겠습니다. 매매 가격은 잘 협의해 드릴 테니 긍정적으로 검토해 주시기 바랍니다."

부동산 투자로 내 자산이 꾸준히 증가함에 비례해, 직장생활에서 수반되는 스트레스를 견뎌내는 나의 인내심은 바닥으로 급강하 중이었다. 특히 새로 부임한 본부장의 어처구니없는 폭정과 무능함에 회사를 그만두었고, 그 참에 중국에 어학연수를 다녀온 이후 중국 전문가로 특화되고 있었던 나의 업무를 영미권으로 확대해볼 요량으로 2005년 12월에 캐나다 벤쿠버로 가족과 함께 어학연수를 떠난 지 한 달이 채 안 돼서 받은 전화였다.

매입 대상 토지 답사 시 내가 정했던 기준은 1. 주말 주택을 지을 만한 조용한 곳, 2. 은퇴 후 내가 집을 지어도 좋겠다고 생각되는 곳, 3. 평수는 가능하면 넓어서 향후 분할 매도가 가능한 곳, 4. 작은 개울물이라도 인접한 곳, 5. 고압 송전탑, 축사, 분묘 등 기피시설이 없는 곳 등이었다. 홍천군 야시대리에 소재한 내 생애 첫 토지는 내 기준 1~4번은 충족했지만 토지 뒤에 붙어 있는 야산을 넘어서면 염소 목장이 있었고 토지 우측 경계 너머에 2기의 분묘가 있어서 5번 기준은 충족하지 못했다. 그럼에도 나를 포함한 가족들의 피로감과 대략 1년여를 싫은 내색 한 번 없이 묵묵히 신규 매물 답사를 도와주신 부동산 중개소 사장님에 대한 미안한 마음으로 매입을 결정한 것이다. 캐나다 어학연수 출발 약 6개월 전에 소유권을 이전한 상황이었고, 그 토지를 매매하자는 제안의 전화를 받았던 것이다.

인간의 마음은 갈대

"방금 연락한 부동산 중개소 사장님이 홍천 토지를 우리가 산 금액의 2.5배를 주겠다고 팔라고 하네. 본인이 밴쿠버까지 오겠다면서."

"그래? 홍천에 무슨 개발 호재가 있나? 뭔 일이야?"

"우선 생각해보고 다시 통화하기로 했으니 개발 계획이 있는지 확인해봐야겠어."

'만일 당신에게 물건을 파는 어떤 사람이 6개월 후에 2.5배의 금액으로 되사겠다고 하면 어떻게 하시겠습니까? 그 물건은 무조건 사야겠지요? 그리고 6개월 후에 무조건 파시겠지요?' 무척 단순하고 답은 이미 정해진 질문처럼 생각되지만 의외로 이런 상황을 실제로 맞닥뜨리게 되면 대부분의 사람은 여러 가지 생각으로 머리가 복잡해진다. 최소한 우리 부부는 그랬다.

홍천 토지를 매입한 지 6개월 정도 지난 시점에 이 같은 전화를 받고 나니 처음으로 떠오르는 생각은 '홍천에 내가 알지 못하는 대형 호재가 생겼나?'와 '6개월도 안 지나서 이 정도면 장기 보유하는 것도 나쁘지 않겠다'는 생각이 들었다. 또 서울도 아닌 비행 시간만 10시간이 넘는 캐나다 밴쿠버까지 와서 계약을 하겠다는 말에는 '혹시 신종 사기 범죄인가?' 하는 의구심까지 들 정도로 실감이 나질 않았다.

이에 인터넷 등을 통해 홍천 현지에 개발 호재가 있는지 검색해 보았는데 특별한 점은 찾지 못했다. 장기 보유하면 시세가 더 많이 상승할 수 있겠다는 더 큰 욕심에 사로잡혔고 만일 미래에 원하는 금액으로 매도하기가 여의치 않으면 은퇴 후에 직접 집을 지어도 나쁘지 않겠다는 판단으로 거래 제안을 정중히 거절했다.

그래서 결국, 이 토지를 원하는 순간에 훨씬 더 큰 수익을 내고 팔았을까? 그렇지 못했다. 이 토지는 결국 매도하는 데 약 12년이 걸렸고 매도가는 매입 초기에 제안받았던 금액과 큰 차이가 없었다. 왜 그랬을까?

'부동산 투자에 중요한 것은 타이밍!'이다.

부동산 거래 시 내가 예상하지 않았던 순간에 매력적인 제

　　　　　　　　　　　나는 매일매일 주말처럼 산다

안을 받을 경우, 적극적, 긍정적으로 판단해서 결정할 것을 권한다. 사람들의 안목은 대동소이한 것 같으면서도, 어떤 경우에는 남들이 보는 것과는 전혀 다른 나만의 시각으로 사물을 대할 때가 있다. 과거 종합상사 근무 시절에 직물 본부에 근무하던 동기의 이야기 중 생각나는 것이, "쇼룸에 비치된 샘플 중에는 이미 몇 년 전에 유행이 지나서 아무도 찾지 않는 너무나도 촌스러운 디자인의 직물이 간혹 있는데, 새로 유행하는 샘플을 모두 마다하던 특정국의 바이어가 우연히 이런 오래된 샘플을 찾아내고는 왜 진작 이 샘플을 권하지 않았느냐는 핀잔과 함께 계약을 체결하는 경우가 심심치 않게 있다"는 것이다.

부동산 거래도 예외는 아니고 수학공식처럼 어떤 경우에도 적용이 가능한 법칙은 존재하지 않는다. 특별한 개발 계획이 수반되지 않더라도 누군가에게는 내가 가진 부동산의 용도가 안성맞춤인 경우가 있을 수 있고 이 경우 정상적인 매매가격보다 후하게 거래가 이루어지는 경우가 종종 있기 때문이다. 누군가가 나에게 후한 제안을 해온다면 적극적이고 긍정적인 태도로 협상에 임하는 것이 좋다.

물론 협상에 임하기 전에 혹시라도 확인하지 못한 개발 계획이 있는지에 대한 조사는 반드시 선행되어야 한다.

부동산 투자,
해외투자법

"우리 2년 정도 캐나다 가서 살다 올까?"

내 말에 아내의 눈이 휘둥그레졌다가 말했다.

"요즘 애들 어릴 때 조기 영어 교육 목적으로 기러기도 많이 한다고 하던데 난 찬성이야. 근데 돈은 누가 벌고?"

"부동산이 열심히 벌고 있고, 어차피 내 업무 분야가 해외 영업이니까 2년 동안 영어만 제대로 배우고 와도 손해 보는 게임은 아닐 것 같아."

대학 1학년에 친구로 만나서 8년여의 연애 끝에 결혼한 우리 부부는 나름대로의 산전수전을 함께 겪어온 덕분인지, 당시에도 아내와 나는 캐나다 벤쿠버로 떠나는 것에 그리 어렵지 않게 의기투합할 수 있었다. 캐나다행을 결정할 때의 계획은 체류 기간

나는 매일매일 주말처럼 산다

은 2년이고, 2년 동안의 1차 목표는 나와 아이의 영어 연수, 2차 목표는 캐나다 이민자로의 신분 전환 등 정착 가능성 타진으로 세웠다. 실행은 대치동 아파트 전세금과 예금 잔액을 탕진하는 방법으로 정했다.

어쩌면 너무나도 뚱딴지같고 무모하게 생각되는 이 계획을 들은 형제나 가까운 지인들이 이구동성으로 했던 말은 '전세금 다 쓰면 돌아와서 어떻게 살래?'였다. 만일 내 형제가 이런 식으로 계획을 세우고 해외에 나간다고 했다면 나 역시 똑같은 말을 했을 것이다. 그럼에도 그때는 그런 말들이 내 귀에 들어오지 않았고, 내심으로는 당시 내가 구사하던 비즈니스 영어 수준보다 훨씬 유창하게 영어만이라도 공부하고 오게 된다면 캐나다에서 보낼 2년 동안의 시간과 비용에 대해 충분한 보상을 받을 수 있을 것으로 자신했다.

아내의 친구이자 동료 교사였던 분이 아이들 영어 교육을 위해, 우리 부부가 아이와 함께 캐나다 밴쿠버행을 결정하기 약 1년 반 전에 이미 그곳에서 당시에는 대단한 유행이었던 기러기 생활을 하고 있었다. 그 덕에 우리는 현지에 비교적 빨리 적응할 수 있었다. 현지 도착 초기에는 어학연수를 받을 학교와 근접 거리에 있는 아파트에 월세로 살았는데, 대부분 오전 시간에만 강의가 있었기 때문에 오후와 주말엔 벤쿠버 도시 인근을 관광, 답사하는 것으로 시간을 보냈다.

옛말에 '배운 게 도둑질'이라는 표현이 있다. 한국에서 맛보았던 부동산 투자 수익 탓인지, 아니면 지주셨다는 친할아버지와 외할아버지에게 부동산에 관련된 DNA를 물려받아서인지는 모르겠지만 우리나라 국립공원 수준에 버금가는 벤쿠버의 훌륭한 자연환경에 스며든 주택들은 보기만 해도 황홀했다.

벤쿠버 도착 1개월 후부터는 자연스럽게 좋은 지역의 주택들을 탐방하면서 시세를 파악하기 시작했다. 현지 주택과 한국 아파트 시세를 비교하게 되었는데 당시 급등한 한국 아파트에 비하면 너무나도 좋은 환경, 위치에 있음에도 불구하고 가격은 거의 반값 수준이었다. 또 우리나라에서는 일반화되지 않았던 주택 모기지가 활성화되어 있어서 이를 활용하면 전체 매매 금액의 약 10~30%만 있으면 집을 살 수 있었다. 당시 유학생 신분이었던 나는 한국의 부동산과 예금 등으로 신용평가를 받았고 매매가의 80%를 모기지로 조달할 수 있었기에 체류비로 준비했던 자금을 보태서 캐나다 입국 3개월 만인 2006년 2월에 좋은 입지의 신축 타운하우스를 매입했다.

멀고도 먼 타국으로 딸과 손녀, 사위를 떠나보낸 장인, 장모님께서 우리 가족의 사는 모습이 궁금하셨는지 록키산맥 여행을 함께 할 겸해서 벤쿠버에 오셨는데, 집과 동네를 둘러보신 후에 내게 하신 말씀이 지금도 생각난다.

"참 좋은 곳에 집을 잘 샀네. 현 서방 정말 잘했네. 그런데 이 동네는 도대체 어떻게 알고 집을 산 건가?"

직업상 해외여행 자유화 훨씬 이전부터 다양한 국가를 출장 다니신 경험이 있으셨던 장인어른이지만 아무런 연고도 없는 캐나다에서 그것도 도착 3개월 만에 집을 샀다는 것이 쉽게 이해되지 않으셨던 것 같다. 나 역시도 처음 캐나다행을 결정할 때 구체적으로 집을 사서 어쩌겠다는 계획이 있었던 것은 아니었지만, 출국 몇 개월 전부터 우리가 정착할 지역과 주택 매물 등을 인터넷을 통해 검색해왔었다. 그때 이민으로 정착한 분들 중에 현지에서 부동산 중개업을 하는 분들이 운영하는 인터넷 카페 등을 통해 현지 정보를 어느 정도 알 수 있었다. 캐나다 입국 당시에는 이미 대상 지역의 선정, 주거 형태 등에 대한 대략의 판단은 할 수 있는 수준이었다. 현지에 도착한 후에는 지역과 주거 형태에 대한 내 판단의 검증과 매물 업데이트 정도만 하면 되었다. 매입한 타운하우스의 가치를 결정할 때 한국과 캐나다의 경제 수준, 타운하우스 소재지의 벤쿠버 내에서의 평가, 타운하우스의 매도 호가 기준으로 한국 내에서 살 수 있는 아파트의 규모 등 나름의 기준으로 비교, 평가한 후 매입가를 결정하여 인수했다.

꿈같던 캐나다 밴쿠버 생활은 당초 계획했던 2년에는 훨씬 못 미치는 7개월로 조기 마감되었다. 그 이유는 1. 어학연수 학기가 6개월 만에 종료되어서 연장 여부를 결정해야 했고, 2. 예상보다 캐나다 현지 생활비가 많이 들었으며, 3. 결정적으로 학생 비자 신분으로는 취직이 불가능하고 학생 비자 연장을 통해 2년을 계속 공부한다고 하더라도 신분 변경을 통한 영주권 신청이 불가능하다는 판단으로 당초 계획한 2년을 채우는 것이 무의미하다고 생각했다.

우리는 2006년 7월에 조기 귀국했다. 밴쿠버에서 최소 2년을 거주하고 혹시라도 영주권자로 신분 변경이 될 경우 장기로 거주할 생각으로 구입한 타운하우스는 매입 당시 예측했던 대로 미래가치가 충분한 곳이었기에 좋은 가격에 매도할 수 있었다. 결과적으로 7개월간 우리 가족이 밴쿠버에서 사용한 전체 비용의 약 60%는 매도차익으로 커버할 수 있었다.

나는 매일매일 주말처럼 산다

PART 6

꿈꾸던
지주로의 변신을
위한 첫 시도

나에게
적합한 부동산은?

"오피스텔에 투자하자고? 한 번도 해보지 않은 건데 괜찮으려나?"

"아파트, 토지, 타운하우스도 해보지 않았던 건데 결과가 좋았고 오피스텔도 잘 알아보고 투자하면 괜찮을 것 같아."

매달 입금되는 월급으로 통장 잔고가 늘어나면서 내 속에 잠재되어 있던 파이어족의 DNA는 다시 한 번 스멀스멀 꿈틀대기 시작했다. 기존의 투자 형태와는 달리, 매월 소득이 생기는 수익형 부동산에 투자를 해보기로 했다. 일반인들이 가장 손쉽게 접근할 수 있는 수익형 부동산은 오피스텔, 구분 상가 등이 있다. 가장 큰 이유는 일반적으로 매매가가 크지 않고 관리의 어려움이 상대적으로 적기 때문이다.

나 역시도 수익형 부동산을 거래해본 경험이 없었고 S사를 그만두고 사업을 시작했을 때 사무실로 임차해서 대략의 현황을 파악하고 있었던 양재동 소재 오피스텔을 첫 수익형 부동산 투자처로 삼았다. 물론 그곳에 투자하기로 정하기 전에 투자 가능 매물을 인터넷 등을 활용해서 충분히 검색한 후에 임차수요가 충분하고 매매가격 대비 투자가치도 있을 것으로 판단한 후 투자를 결정했다.

오피스텔 거래 팁

국제 정세가 급변하고 경제 상황이 불안정해짐에 따라 수익형 부동산에 대한 관심은 나날이 고조되고 있습니다. 비교적 적은 예산으로 쉽게 접근할 수 있는 수익형 부동산의 하나가 오피스텔이어서 오피스텔을 매입할 때 고려해야 할 내용을 정리했습니다.

1. 예산(보유 현금 + 대출 가능 금액)
2. 예산으로 매입이 가능한 대상 지역(역세권 등 임대 수요가 풍부한 지역 추천) 선정
3. 대상 지역 내 오피스텔 선정(대형 오피스텔 추천)
4. 인근 부동산에 매물 의뢰
5. 현장, 인근 답사 및 대중교통과 오피스텔 임차 수요 예측
6. 추천 매물 방문을 통해 매물 상태(누수 등 하자 유무) 점검 및 매도인의 매도 사유, 임대사업자 등록 여부, 전입신고 여부 확인
7. 매도인의 요구 사항(빠른 잔금 or 늦은 입주 or 세입자 승계 등), 매물 상태에 맞춘 가격 협상
8. 계약서 작성 시 등기부등본 확인(계약 당일 발행된 등기부등본 상 '갑구'에는 소유권 '을구'에는 소유권 이외의 저당권, 전세권, 지상권 등의 권리가 기재되어 있습니다. '갑구'에 기재되어 있는 사람과 계약자가 동일인이어야 하고(본인이 아닌 가족이 대리인으로 계약할 경우에는 위임장과 위임용 인감이 첨부

되어야 합니다), '을구'에는 저당권, 전세권, 지상권 등 부동산의 권리를 제한하는 내용이 없어야 합니다. 만일 '을구'에 저당권 등이 기재되어 있을 경우 잔금 전까지 해당 사항을 말소하는 조건을 계약서의 특약사 항에 추가하여 계약

9. 잔금 시 잔금 당일에 발행된 등기부등본에 '갑구', '을구'에 하자가 없 는지 확인하고 관리비 및 공과금 미납 여부 후 잔금 전달

10. 부동산 정책으로 다주택자에 대한 세금 부담이 점차 커지는 상황이므 로 오피스텔 매입 시 주택에 포함되는지 여부는 반드시 확인하고 진 행해야 합니다.

나에게 맞는
부동산 선정

"또, 양재동 오피스텔을 사겠다고?"

"응, 매매가 대비 임대 수익률도 나쁘지 않고 매매차익도 기대할 수 있어."

2011년 처음으로 양재동 소재 오피스텔을 매입하여 월세를 받기 시작하면서 그동안 느껴보지 못한 지주의 여유로움에 흠뻑 취했던 나는 통장에 잔고가 어느 정도 차기만 하면 급매로 나오는 매물을 좋은 가격에 흥정해서 몇 채 더 사기로 마음먹었다.

남들은 쉽게 이뤄낸 것 같은 그 어떤 성취도 하루아침에 이루어지는 것은 없다. 내가 이룬 보잘 것 없는 성취 역시 이루는 데는 상당히 오랜 시간이 소요되었고, 과정 과정을 거치면서 나름의 노력과 고뇌가 어우러진 결과물이다. 내가 만났던 대부분의 친구들과 동료들의 이야기를 들어보면 부동산 투자는 자신과 무관한 남의 이야기라고 치부한다. 그들이 그렇게 할 수밖에 없다고 하면서 말하는 이유는 대부분 '자신은 부동산에 투자할 만큼의 큰돈이 없다'이다. 그들이 생각하는 큰돈이 얼마쯤인지 되물어본 적은 없지만 나는 그런 이들의 말에 그리 동의하지 않는다. 이런 식의 태도를 견지하는 내 친구, 동료들은 대부분 일상생활에서 접하는 무수히 많은 부동산 관련 뉴스에 그다지 관심을 보이지 않았고, 심지어는 자신이 현재 살고 있는 집을 위해 얼마의 주거비를 부담하고 있는지 등에 대한 개념도 없다. 또한, 대부분이 '파이어족'을 희망하고는 있지만 이를 달성하기 위한 과정에 필수적으로 선행되고 수반되는 노력과 번민 등을 감수해서라도 해보겠다는 생각보다는 일확천금을 통한 변신을 기대하고 있었다.

이런 친구들에게 해주고 싶은 말은, '부동산의 종류는 다양하기 때문에 파이어족으로의 변신 의향이 있다면 1. 내가 가용할 수 있는 자금의 규모, 2. 자금 규모에 걸맞은 부동산의 종류, 3. 대상 지역을 선정하고 장기 플랜으로 모니터링을 해가면서 매수 타이밍을 잡아라'이다.

갑자기 현대그룹의 고 정주영 회장님이 어떤 사안에 대해 실

나는 매일매일 주말처럼 산다

행 불가능하다고 대답하는 부하직원들에게 자주 하셨다는 말씀이 떠오른다.

"어이, 임자! 해보기는 했어?"

모든 사람은 성공을 꿈꾼다. 그런데 아이러니하게도 매우 극소수의 사람만이 성공을 맛보게 된다. 그 이유는 무엇일까? 기본적으로 어떤 일이든 성공 확률이 적기도 하지만 그보다는 도전적인 시도 자체를 대다수 사람은 하지 않기 때문이다.

오늘 아무것도 하지 않으면 내일 아무런 일도 일어나지 않는다. 정작 내가 희망하는 내일이 아무런 일도 일어나지 않는 날인가 한 번쯤 심사숙고해 봐야 할 일이다.

EXIT 플랜

"형님, 이 사람은 부동산 살 때는 제일 싸게 사려고 하고 팔 때는 제일 비싸게 팔려고 해요."

나는 부동산을 매도할 때 대부분 신고가 혹은 그에 근접한 금액을 고집하는 악취미가 있다. 이런 이유는 내 나름대로는 매도하고자 하는 부동산의 미래가치가 앞으로도 있을 것으로 생각하기 때문이다. 따라서 매도 당시는 최고가에 팔더라도 매입하는 사람은 추가 수익을 확보할 수 있다고 생각하기 때문이다. 내 부동산 매입과 매도 습관을 두고 아내가 내 누나에게 자주 이르듯이 농담 삼아 하는 말이다.

부동산 거래에서 제일 중요한 것은 다른 거래와 마찬가지로 잘 사는 것과 잘 파는 것이다. 부동산을 매입할 때 내 나름의 원칙은 '살 때부터 차익을 남겨라'이다. 앞서 이야기한 대로 부동산 시장에도 다양한 환경과 조건에 놓인 플레이어들이 존재한다. 매도인에 따라 아주 오래전에 헐값에 매입해서 이미 목표 수익률을 상회하는 상황일 수도 있고, 혹은 사업에 급전이 필요해서 빠른 결제 조건으로 급매 가격에 매도하고자 할 경우도 있고, 부모 사망으로 인한 상속 재산을 형제가 분할하기 위해 시세보다 저렴하게 급매하는 경우 등 다양한 상황이 상존한다.

심지어는 은행에 담보로 제공했다가 경매나 공매로 매각되는 사례도 비일비재하다. 내가 투자할 대상지와 대상물을 정했다면 일정 시간을 두고 해당 매물지를 모니터링하고 시세 대비 최대한 저렴한 물건을 사는 것이 여유로운 EXIT를 보장한다.

부동산 투자는 궁극적으로는 매도 차익을 기대하는 것이기 때문에 매입가가 시세 혹은 그보다 높을 경우에 내가 희망하는 시기에 차익을 실현하고 매도하기가 수월하지 않다. 만족할 만한 수준의 매물이 찾아지면 매도자의 편의를 최대한 맞춰주는 조건으로 최대한 가격을 추가로 조정해서 매입을 진행하고 EXIT에 대한 계획을 수립해야 한다.

옛말에 '보기 좋은 떡이 먹기도 좋다'라는 말이 있다. 부동산도 보기 좋게 꾸민 경우와 그렇지 않은 경우는 매매 가격은 물론이고 거래가 성사될 가능성에도 큰 차이가 있다. 특히 주거용 부동산을 매도하려고 한다면 내부 인테리어에 신경을 써야 한다. 내가 보유했던 아파트는 입주 시 내부 인테리어를 새로 했었고 매도 당시까지 깨끗하게 사용했기 때문에 층수가 불리했음에도 로얄층과 같은 금액에 매도할 수 있었다.

토지의 경우는 예외일까? 그렇지 않다. 토지는 주거용 부동산과 달리 인테리어라는 개념은 없지만 기본적인 정지 작업과 간단한 토목공사 등 관리를 한 경우와 자연 상태 그대로 방치한 경우 역시 매매가와 거래 성사 확률에 큰 차이가 있다.

수익형 부동산에서 가장 중요한 것은 무엇일까? 수익형 부동산을 매입할 때 고려하는 첫 번째 요소는 수익률이다. 수익률을 높게 맞춰 놓으면 보유하는 동안 높은 수익을 얻을 수 있어서 만족스럽고 매도할 경우 높은 수익률만큼 매도 금액도 높게 받을 수 있기 때문이다. 내가 보유했던 양재동 소재 오피스텔은 건축 후 20년 이상 된 노화된 건축물이었기 때문에 매입할 당시 인테리어가 필요했고 당시 1채당 500만 원의 비용으로 화장실까지 전체 인테리어를 했다. 인테리어를 결정할 때, 예상되는 월세 수익으로 어느 세월에 인테리어 비용을 회수할까 잠시 고민했지만 수익형 부동산은 수익률 게임이라는 기본적인 원리에 충실하기로 하여

나는 매일매일 주말처럼 산다

진행했다. 인테리어 공사가 끝나자마자 시세보다 좋은 가격에 임대 계약을 체결할 수 있었다. 또한, 이후에 매도하게 되었을 때, 인테리어 프리미엄을 통해 인테리어에 들어간 비용 이상의 매도 차익을 거둘 수 있었다. 게다가 인테리어 비용 중 일부 항목은 양도소득세 계산 시 비용으로 인정받을 수 있기 때문에, 수익형 부동산의 경우에도 최대한 보기 좋게 꾸미는 데 적극적이어야 한다.

그리고 부동산을 매도할 때 중요한 다른 하나는 시간적인 여유이다. 부동산 시장에는 급매물이라는 이름의 물건이 항상 있다. 급매물의 대부분은 소유자의 금전 사정이 급해짐에 따라 시장 가격보다 저렴하게 현금화할 의도로 매수자를 찾는 물건이다. 최소한 시세만큼은 받고 부동산을 매도하려면 잠재 매수자가 호감을 가질 수 있도록 단장을 해야 하고 시간적인 여유를 갖고 매도를 진행해야 한다. 아파트나 오피스텔 같은 경우 환금성이 좋기 때문에 대략 3개월 정도 기간을 통해 매도한다고 생각하면 되지만 토지의 경우 환금성이 떨어지기 때문에 특별한 메리트가 없다면 짧게는 6개월에서 길게는 수년이 걸리는 경우가 허다하다. 따라서 토지에 투자할 때에는 이 점을 고려해서 목표 수익률을 대폭 낮추고 회전율을 높일지, 기간을 길게 잡고 목표 수익률에 근접한 매도를 할지 결정해야 하고 자기자본 비율을 최대한 높여서 투자하는 것이 안전하다.

PART 7

또 다른
도전

제주도의 미래

"이번 휴가 때는 해남도로 여행 갈까?"

"좋지. 지난번에 묵었던 호텔로 예약할까?"

해남도는 중국 최고의 휴양지로 꼽히는 섬이다. 워낙 유명하기도 하고 중국에 거주하던 우리 가족에게는 중국 국내 여행이어서 비교적 손쉽게 다녀올 수 있는 지역이라 휴가 시즌에 가족과 함께 다녀왔었는데 섬의 자연 상태나 호텔 등 기반시설이 동남아의 여느 휴양지 못지않게 만족스러웠다.

대부분의 한국 사람이라면 나와 비슷하겠지만 해남도를 여행하게 되면 제주도와 유사한 점을 많이 발견하게 된다. 우선 국토의 최남단에 있는 큰 섬이라는 점과 아열대와 열대 중간의 어디쯤인 기후, 잘 관리된 아름다운 자연, 고급 호텔과 전용 모래사장

등이 제주도와 비슷하고 한 번 가면 또 가고 싶어지는 곳이다.

이런 해남도와 관련된 뉴스는 평소에도 눈여겨보고 있었는데, 2009년 어느 날 우연히 접한 뉴스는 믿기 힘든 내용이었다. 2000년대 초반부터 현재까지 지속적인 상승세를 견지하고 있는 중국의 부동산 가격에 대해서는 익히 알고 있었지만 그 당시 우리나라 제주도의 부동산 가격이 그랬듯, 해남도의 부동산도 북경의 변두리 수준이거나 그보다 못할 거라고 예상하고 있었다. 그런데 해남도의 바다가 보이는 아파트의 평당 가격이 북경이나 상해의 최고가에 근접한다는 뉴스였다.

이 뉴스를 접하기 전에 제주도를 수차례 여행해 보았고, 자연 경관은 중국의 해남도는 물론 미국의 하와이 등 세계 유명 관광지와 견주어도 손색이 없을 만큼 좋다고 생각했다. 세계적인 휴양지로 손꼽히는 미국의 하와이 부동산이 제주도보다 고평가되는 것은 미국과 한국의 경제력 차이와 세계적인 명성 등을 기준으로 평가하면 어쩌면 당연한 것일 것이다. 그런데 중국의 해남도 부동산 가격이 북경이나 상해의 최고가에 근접한다는, 즉 제주도의 부동산 시세보다 훨씬 비싸다는 뉴스는 내게는 신선한 충격이었다. 그렇다면 제주도의 부동산 가치도 가까운 미래에는 투자가치가 크다고 판단이 되었다.

나는 매일매일 주말처럼 산다

실행은 바로

"이번 제주도 여행의 주목적은 바닷가 인근의 토지를 매입하는 거야."

"좋을 대로 하시오."

아내와 나는 비교적 대화를 많이 나누는 편이고 대화를 통해 서로의 생각을 조정하는 오랜 습관 덕인지 특정 사안에 대한 의사결정 후 실행에 옮기는 과정은 매우 순조로웠다. 해남도의 부동산 시세에 대한 뉴스를 접한 뒤 제주도 부동산에 대한 관심이 부쩍 커졌던 나는 당시에도 중국에 거주하고 있었던 터라 중국과 제주도의 물리적인 거리 및 시간의 제약으로 인터넷과 전화를 통해 적당한 매물을 찾기 시작했다.

일반적으로 제주도에 집을 짓는다고 하면 기대하는 것이 푸

르른 바다 조망일 것이라고 생각해서 바다가 보이는 토지를 위주로 대상 매물을 검색했다. 다만, 제주도는 매년 여름 태풍의 직접적인 영향권에 드는 지역임을 고려해 바다와 최소 500미터 정도 떨어져 있는 해안가 토지를 찾으려고 노력했다.

검색 과정을 거쳐 네 개의 대상 매물을 정했고, 2012년 가을에 현지답사 겸 제주도 방문을 실행했다.

부풀어오르는
간덩이를 조심하자

"숙소는 어디로 할까?"

"이번엔 좀 무리해서 S호텔로 할까?"

"그러자. 부동산 거래할 때 말 한마디만 잘하면 몇 백만 원, 심지어는 몇 천만 원도 왔다갔다 하는데 그깟 숙박비 몇 십만 원이 대수인가!"

결혼할 때 양가 도움 없이 소위 말하는 '맨땅에 헤딩하기'식으로 신혼살림을 시작한 우리 부부는 오랜 세월 동안 불필요한 소비는 최대한 절제했고, 지금도 그런 습관은 삶 구석구석에 묻어난다. 우리 부부가 1순위로 꼽는 소비 철학은 실용적이고 현명한 소비다. 그러니 좋아하는 여행에는 비교적 거침없는 소비를 했다. 그럼에도 끊임없이 가성비를 따져서 숙소, 교통편 등을 결정해왔다. 국내외를 막론하고 특급호텔을 숙소로 정한 경우는 가성비가 좋은 동남아시아 여행을 제외하고는 거의 없었다.

부동산 거래 빈도가 높아지면 돈을 대하는 태도가 달라지는데, 매매가 협상 시 말 몇 마디에 500만 원, 1,000만 원, 심지어 수천만 원도 조정되는 경험을 종종했고, 그러다 보니 몇 십만 원 수준의 숙박비 정도는 하찮게 여겨졌다. 특히 보유 부동산을 기대 수익을 챙기고 매도한 경우에는 돈에 관한 한 간덩이가 하늘 높은 줄 모르고 부풀어오르는 경험을 하게 된다.

제주도 서귀포에 있는 S호텔은 객실은 물론이고 바다에 면한 정원이 일품인 곳이어서 타 숙박 시설에 묵었을 때에도 정원을 산책할 겸 해서 자주 들렀던 곳이었다. 지금도 제주도를 가면 들르는 필수코스 같은 곳이다. 최고급 수준의 숙박 시설과 정원 등 나무랄 데 없는 호텔이지만 옛말에 '송충이는 솔잎을 먹어야 한다'는 속담을 명심해서, 그때 이후의 여행지 숙소는 예전과 동일하게 가성비 좋은 4성급 정도의 수준으로 맞춰서 이용하고 있다.

특급 호텔은 이벤트성으로 가끔 이용하는 게 정신건강에 좋다. 부풀어 오르는 간덩이를 억누르며.

PART 8

천사,
또 몰라봤다

흔치 않은
천사와의 조우

"서귀포 최고 번화가라고 해봐야 서귀포 올레시장 앞 도로변이 다입니다."

"혹시 그쪽에 꼬마빌딩 매물은 없을까요?"

"글쎄요, 현재 나와 있는 매물은 없는데, 그 도로 이면에 나대지 80평이 나온 건 있어요. 이면도로이긴 하지만 상업지역이니까 10층 정도 건물 올리면 나쁘지 않을 겁니다."

"아, 그래요? 토지 가격은 얼마인가요?"

나는 무신론자이고 그러다 보니 천사라는 존재를 그다지 믿지 않는다. 다만, 훗날 내게 큰 도움이 되었을 법한 도움이 되는 이야기를 해주신 주변 사람들을 딱히 표현할 단어가 없어서, '천사'라는 호칭을 차용한다.

제주도의 성장 잠재력이 크고 부동산 가치는 저평가되어 있다는 내 예상은 적중했고 때마침 젊은 세대를 중심으로 붐이 일었던 제주도 한 달, 1년 살아보기 열풍에 힘입어 내가 매입한 제주도 대정읍 토지는 매입한 지 1년 6개월 만인 2013년에 매입가의 약 2배를 받고 팔게 되었다. 매입 직후 단기간의 급등으로 조만간 조정기가 올 것이라고 예상했고, 2배의 수익률 또한 나쁘지 않은 성적이라고 판단해서 매도했다.

결과론적인 이야기이긴 하지만 부동산 시장의 방향은 비교적 천천히 전환된다는 학습을 했듯이 이번에도 내가 예상했던 것보다 대략 4년 이상의 상승장은 이어졌다. 만일 계속 보유했다면 최소 3배 이상의 수익을 기대할 수 있었다. 물론 팔고자 하는 시기에 수월하게 팔 수 있었을지는 해보지 않았기 때문에 장담할 수는 없다.

대정읍 토지를 매도할 때 고려했던 또 하나의 사실은, 제주도의 지리적 접근성이었다. 갈 때마다 기대 이상의 만족감을 주는 세계적인 수준의 휴양지임은 의심할 여지가 없지만, 제주도를 방문하려면 반드시 비행기나 배를 타야 하고 태풍이나 기상 악화 상황이 되면 일정에 차질을 빚을 수밖에 없다는 점이었다. 그래서, 전원주택이나 은퇴자들이 낙향하기에는 제주도의 성장성이 제한적이라고 판단했다. 그래도 저가항공 등의 활성화로 제주도를 찾는 관광객 수는 계속 증가할 것으로 예상했다.

대정읍 토지를 매도하고 시내권에 소형 상가건물을 사면 어떨까 하는 생각에 서귀포 시내 최고 번화가라고 할 수 있는 올레시장 인근의 부동산 중개소 사장님과 상담하다가 제안받은 매물이 이면도로에 있는 80평 나대지였다.

왜 천사를
몰라볼까?

"80평 나대지요? 나대지에는 무엇을 할 수 있을까요?"

"그 토지는 상업지역이니 10층 정도로 건물을 지어서 임대하면 돈이 좀 될 겁니다."

"10층 건물을 올리려면 건축비가 만만치 않을 텐데 제 예산으로는 어렵겠는데요."

"그 토지는 위치가 좋아서 매입 후 은행 대출을 활용해서 건물 올리고, 일부 층은 전세로 임대해서 그 보증금으로 대출을 갚으면 됩니다."

부동산 중개소 사장님이 제안하신 토지는 이면도로이긴 했지만 코너에 붙어 있는 토지로 활용도가 좋아 보였다. 해당 토지의 매도 가격은 대정읍 토지의 매도 금액에 보유하고 있던 현금

나는 매일매일 주말처럼 산다

을 더하면 살 수 있었는데 은행 대출을 활용해서 건물을 올릴 수 있다는 생각은 한 번도 해본 적이 없었다. 숙소로 돌아와서 그 토지를 살지 말지를 고민했는데, 나와는 인연이 없는 토지였는지, 마음은 포기 쪽으로 기울었다.

일단 제주도의 접근성이 육지와 달리 기후 등에 영향을 받아서 불편하고, 당장은 임대 수익 등 고정적인 수익이 없는 나대지 상태의 토지에 적지 않은 자금이 묶이게 된다는 점, 최악의 경우 건축 후 임대에 어려움을 겪을 가능성 등 부정적인 점이 그 토지는 포기하기로 결정했다.

앞서 이야기했지만 제주도 유입 인구는 대정읍 토지를 매도한 이후에도 상당기간 증가했고 토지 가격 역시 수년 동안 급격히 상승했다. 나대지 매입을 권유받았던 그 날 기준으로 약 4년 뒤 제주도를 다시 여행할 때 서귀포 중심지의 시세를 알아보니 그 토지와 유사한 위치의 토지 가격은 그 사이에 약 5배가 올라 있었다.

언젠가 당신에게 다가올
천사를 알아보려면

"사장님, 어제 말씀하신 나대지는 저한테 안 맞는 것 같습니다. 소형 상가건물이 매물로 나오면 연락주세요."

"그 물건 괜찮은데 잘 생각해보세요. 다른 매물도 찾아보겠습니다."

결과론적인 이야기이지만 내게 큰 수익을 안겨줄 수 있었던 절호의 기회는 이렇게 내 곁을 스쳐 지나갔다. 그 당시에는 아무런 느낌도 없었고, 내 상황에서는 최선의 선택이었다. 대략 4년이 지난 뒤 시세 변화를 확인한 뒤, 그때 왜 그 제안을 받아들이지 못했을까에 대해 생각해 보았다.

가장 중요한 이유는 그 제안의 결과를 알 수 없다는 것이다. 미래에 대한 예측을 하기 위해 수많은 이들이 노력해왔지만 지금

나는 매일매일 주말처럼 산다

까지 그 누구도 미래를 정확히 예측할 수는 없었으며 타임머신이 개발되지 않는 한 불과 1시간 이후의 미래도 알 수 없다. 다만, 예측을 하려고 노력하고 관련된 데이터를 수집한다면 미래에 대한 예상의 적중률을 어느 정도는 높일 수 있을 것으로 생각한다.

또 다른 이유는, 다양한 제안을 받아들일 마음의 준비가 되지 않아서였다. 그날 부동산 중개소를 방문하면서 내 머릿속에는 월세 수입이 나오는 상가건물을 찾아보자는 생각으로 가득 차 있었고, 나대지를 사서 은행 대출을 활용한 상가건물을 건축하는 방법에 대해서는 생각조차 해보지 않은 상태였다. 그렇다 보니 뜻하지 않은 제안을 받고, 그에 대한 적정한 의사결정을 할 수 있는 자세가 아니었던 것이다.

세 번째로는 적극성이 없었다. 제주도의 성장 잠재력에 대해서는 비교적 일찍 깨달았고 부동산이 전반적으로 저평가되어 있다고 생각했음에도 접근성이 불편하다는 등의 단점을 필요 이상으로 부각시키면서 적극적으로 투자하기를 꺼렸던 것 같다. 결국 굴러들어온 복덩이를 알아보지 못하는 결과를 낳았다.

내 경험으로는 간혹 예기치 않은 상황에 천사가 다가와 좋은 제안을 속삭이곤 하는데, 문제는 언제 어디서 어떤 모습을 하고 다가올지 아무도 모른다는 것이다. 내가 흘려버렸던 그들의 속

삭임을 어떻게 했으면 그때 알아채고 100프로 활용할 수 있었을까. 그 방법은 적극적이고 열린 마음으로 전문가들의 말에 귀 기울이고, 하고자 하는 마음가짐과 목표에 도달하기 위한 다양한 접근법에 대해 미리 공부해야 한다는 것을 깨달았다.

PART 9

명실상부한
파이어족으로의
변신

파이어족
변신 프로젝트

"중국에는 언제까지 있을까?"

"글쎄? 아이 대학 진학할 때까지만 일하고 조기 은퇴하면 되지 않을까?"

아이가 초등학교를 입학할 시기에 재취업과 동시에 중국 주재원으로 다시 파견되어 중국생활 10년 차에 가까워질 무렵이던 2015년, 아내와 나눈 대화이다. 아내가 아이 학교에 교사로 근무하고 있었기에 조기 은퇴 시점을 아이 졸업에 맞추려고 했다.

앞서 말했듯, 아파트 매매에서의 뜻하지 않은 행운을 맛보게 되면서 깨어난 나의 '파이어족' DNA는 토지, 타운하우스, 오피스텔 투자로 연결되어 적지 않은 수익을 안겨주었다. 거의 대부분의 경우, 투자 수익을 안겨준 부동산 투자에 대한 나의 신뢰는 날로 커졌다.

　아이의 성장과 더불어 점차 현실로 다가오는 우리 부부의 자발적인 조기 은퇴에 대한 준비 역시 의심의 여지 없이 수익형 부동산을 기반으로 완성하리라 생각했다. 하지만 진정한 의미의 '파이어족'으로서의 삶은 한 번도 살아보지 않았다. 이에 완전한 은퇴를 하기 전에 '파이어족'과 '소작농'으로서의 삶을 일정 기간 병행하면서 생각하지 못한 허점은 없는지, 보완할 점은 무엇인지에 대한 점검이 필요했다. 우리는 영구 귀국 약 3년 전부터 '파이어족' 연습을 하기로 했다.

　'파이어족'은 말 그대로 재정적인 독립이 선행된 상태에서의 조기 은퇴이기 때문에 재정적인 독립이 가능한 수익을 확보해야 하는데 나는 상가 건물(꼬마빌딩)과 발전 가능성이 큰 지역에 소재한 소형 아파트 투자를 통해서 경제적인 독립의 기반을 마련하기로 했다. 아파트, 토지, 타운하우스, 오피스텔 등에 투자할 때도 그랬듯이 상가건물 역시 내 생애 처음이어서 어떻게 해야 할지 막막했다. 게다가 매매 금액이 크다 보니 손에 땀이 날 정도로 긴장되었지만, 내가 원하는 경제적인 자유를 얻기 위해서는 그 누구도 대신해 줄 수 없는, 내가 넘어야 할 산이었고 그나마 아파트, 토지, 타운하우스, 오피스텔 등의 투자를 통해 쌓아

온 부동산 거래 경험과 이를 통해 단련된 내 맷집을 토대로 실행에 옮기기로 했다.

중국에 거주 중이었기 때문에 매물 검색은 기존의 부동산 매매 시 활용했던 인터넷에 주로 의지했고, 특정 지역의 부동산 중개소 몇 곳을 통해서도 대상 매물 검색을 진행했다. 오래전부터 부동산 업계에서는 부동산을 매입할 때는 '발품을 많이 팔아야 한다'고 말한다. 인터넷이 일반화됨에 따라 '손품도 많이 팔라'는 것이 추가되었다. 자동차, 가구, 가전제품 등의 일반 소비재와는 달리 부동산의 가치는 부동산 자체에 대한 평가 못지않게 교통, 환경, 개발 호재 등 해당 부동산에 영향을 미칠 수 있는 주변 요소들에 의한 평가가 가치 산정에 매우 많은 영향을 끼치기 때문에 반드시 손품과 발품을 아껴서는 안 된다.

나는 투자 가능 예산을 정하고 매입이 가능한 지역을 선정했다. 그런 뒤 손품을 통해 대상 지역을 좁히고 해당 지역의 부동산 중개소 몇 곳을 통해 매물을 집중적으로 조사 및 답사하는 방법으로 매물을 찾았다. 아파트와 오피스텔을 매입할 때 고려해야 할 요소는 대중교통 접근성, 건축 연도, 층수, 대지지분, 리모델링 여부 등으로 비교적 간단해서 손품을 통해 대부분의 중요한 사항들은 사전에 점검이 가능하고 최종 계약 직전에 답사를 해도 큰 무리가 없다.

반면 토지와 상가건물의 경우에는 각각 매물들의 특성이 다르기 때문에 매도 호가에 많은 차이가 있어서 손품 못지않게 발품을 많이 팔아야 좋은 매물을 찾을 수 있다. 내 예산에 맞고 마음에 드는 상가건물을 찾기 위해 서울과 서울 접근성이 좋은 수도권 지역을 조사했고, 분당구 서현동에 인접한 경기도 광주시 소재 상가건물을 매입했다. 상가건물을 매입하기 전에 정해야 할 중요한 요소 중 하나는 '투자성과 임대수익률 중 어디에 방점을 둘 것인가?'이다.

대부분의 서울 소재 상가건물은 건축 연도가 오래되어 건물이 낡았고 임대 수익도 매매가 대비 3%대 전후 수준이기 때문에 '파이어족'을 꿈꾸는 개인이 투자하기에는 부담스러운 점이 있는 반면, 서울 부동산 매매가의 지속적인 상승으로 투자성은 수도권 소재 상가건물 대비 높다고 할 수 있다. 따라서 매월 입금되는 월세 수입이 없어도 최소한 수년간 생계를 유지할 여력이 있는 사람이라면 당장은 임대 수익률이 높지 않더라도 매매가 상승 여력이 큰 지역의 상가건물을 매입할 것을 추천한다. 만일 보수적인 성향이라면 미래의 투자 수익에 대한 기대는 줄이고 임대 수익률이 높은 매물을 추천한다. 나는 보수적인 성향이

나는 매일매일 주말처럼 산다

기 때문에 후자를 선택했다. 생애 처음으로 매입하는 상가건물이었기 때문에 안정적인 수익률은 물론 건축 연식이 그리 오래되지 않은 매물을 찾아서 2015년에 매입했다.

'달걀을 한 바구니에 담지 말라'는 격언이 있다. 대부분의 수익형 부동산 투자자들은 투자 수익과 임대 수익 두 가지를 기대한다. 예상한 대로 임대가 잘 되어 임대료가 매월 들어오면 아무 문제가 없지만 예상치 못한 불경기 등의 영향으로 공실이 발생하고 경기 회복이 더디게 진행되면 당초 예상했던 현금 흐름에 문제가 발생하게 된다. 그나마 100% 자기자본으로 수익형 부동산을 매입한 경우에는 설령 공실이 발생하더라도 상당 기간 유지할 수 있지만 은행 대출을 통해 매입한 경우에는 순식간에 부도 처리되어 소유권을 잃게 된다.

국가 경제의 규모가 세계 10위권으로 성장한 우리나라는 해외 무역에 기반한 경제구조이기 때문에 국제 환경에 매우 민감하고 IMF와 글로벌 금융위기 같은 외부 충격에 매우 취약하다. 이런 판단으로 상가 건물 투자에 금융권의 대출은 활용하지 않기로 했다. 내 자본 중 일부 금액은 발전 가능성이 큰 지방 도시의 소형 아파트를 매입하기로 했다.

당시에는 제주도 살아보기의 열풍으로 제주도 부동산 가격이 천정부지로 올랐고 제주도로 유입되는 인구가 상당 기간 증가세를 유지했으나 결국은 제주도 내에서 제공 가능한 일자리의 한계로 육지로 유턴하는 인구가 점차 많아졌다. 또 부동산 가격이 너무 많이 올랐다는 인식이 커지면서 거래가 안 되기 시작하는 상황이었다. 그래서, 제주도에 재투자하는 것은 실익이 없다고 판단해 제2의 제주도가 될 지역을 조사했는데 내 눈에 들어온 곳이 강원도 강릉시였다.

강릉시는 2018년 평창 동계올림픽의 영향으로 서울~강릉 간 KTX가 개통되어 2시간 이내에 서울에서 강릉을 오갈 수 있게 되었고, 이를 통해 젊은 연인들을 비롯해 서울과 수도권의 인구가 강릉으로 많이 유입될 것으로 예상되었다. 강릉을 조사해보니 10평대 아파트가 제법 많았고 당시 서울의 소형 오피스텔보다 저렴한 매물들이 많이 있었다. 매매가가 저렴한 반면 임대료는 서울과 큰 차이가 없었기 때문에 임대 수익률은 6~8% 수준을 기대할 수 있었다.

그리고 앞서 말한 것처럼 서울과 수도권의 인구 유입이 이루어진다면 매매가도 상승할 것으로 예상되었다. 이렇다 보니 강릉소재 소형 아파트는 내게는 투자 수익과 임대 수익 두 가지를 충족시켜 줄 수 있는 부동산으로 여겨졌다. 어떤 아파트는 답사없

나는 매일매일 주말처럼 산다

이 서류만 보고 매입했다.

상가 건물(꼬마빌딩) 1채와 강릉 소재 소형 아파트 5채를 통해 드디어 내가 원했던 '파이어족'의 꿈을 이룰 수 있었다. 시간적으로 보면 상가 건물을 매입하여 약 1년간 운영한 후 병행했던 직장생활과 임대 수익 등을 합해서 강릉 소재 소형 아파트를 약 2년 기간 동안 매입한 것이었고 우리 가족이 영구 귀국하기 1년 전쯤에 '파이어족'으로 살아가기 위한 기본적인 밑그림이 완성되었다.

상가건물 거래 팁

몇 년 전 청소년을 대상으로 진행한 설문조사에서 선호도 1위의 직업이 판사, 의사가 아닌 건물주라는 기사를 본 적이 있습니다. 우리의 선조와 우리가 그랬듯, 우리 아이들 역시 일 안 해도 매월 꼬박꼬박 임대료를 받을 수 있는 건물주가 로망인가 봅니다. 부동산, 펀드, 주식, 가상화폐 등의 투자를 통해 일정 규모 이상의 시드머니(종잣돈)가 준비되신 분이라면 상가건물 투자에 관심을 가질 가능성이 매우 많고 그런 분들을 위해 상가건물을 매입할 때 주의해야 할 내용을 정리했습니다.

1. 예산(보유 현금 + 대출 가능 금액) 확정
2. 예산으로 매입이 가능한 대상 지역(유동 인구 or 거주 인구가 많은 지역 or 개발 예정지역 추천) 선정
3. 인근 부동산에 매물 의뢰
4. 추천 매물 방문을 통해 매물 상태(임대차 현황, 임차인 지속 영업 기간, 임대료 연체 임차인 여부, 공실 여부, 임대수익률, 불법 건축물 여부, 건물 하자 여부 등) 점검 및 매도인의 매도 사유 파악
5. 매도인의 요구 사항(빠른 잔금 or 늦은 입주 등) 및 매물 상태에 맞춘 가격 협상
8. 계약서 작성 시 등기부등본 확인(계약 당일 발행된 등기부등본 상 '갑구'에

나는 매일매일 주말처럼 산다

는 소유권 '을구'에는 소유권 이외의 저당권, 전세권, 지상권 등의 권리가 기재되어 있습니다. '갑구'에 기재되어 있는 사람과 계약자가 동일인이어야 하고 본인이 아닌 가족이 대리인으로 계약할 경우에는 위임장과 위임용 인감이 첨부되어야 합니다), '을구'에는 저당권, 전세권, 지상권 등 부동산의 권리를 제한하는 내용이 없어야 합니다. 만일 '을구'에 저당권 등이 기재되어 있을 경우 잔금 전까지 해당 사항을 말소하는 조건을 계약서의 특약사항에 추가하여 계약

9. 건물 부가가치세가 매매가에 포함되었는지 여부 계약서에 명시

10. 수도, 전기세 등 공과금 정산

11. 잔금 시 잔금 당일에 발행된 등기부등본에 '갑구', '을구'에 하자가 없는지 확인하고 건축설계도면이 있는 경우 인수 후 잔금 전달

파이어족이 되면
좋은 점

"형님은 늘 여유가 있어 보이는데 혹시 비결이 있으신가요?"

"그래? 평소에 마음을 편안하게 먹어서 그런가?"

중국 현지에서 가깝게 지내던 대학교 동문 후배가 2018년 어느 날 내게 한 말이다. 그 후배에게는 물론이고 주변 지인들에게 나의 부동산 보유 내역에 대해 이야기할 필요성도 못 느꼈고 딱히 말할 기회도 없었기 때문에 내가 파이어족이 되었다는 것을 아는 사람은 형제 이외에는 없었다. 그런데도 후배에게 그런 인상을 준 것은 아마도 나의 생활 태도에서 묻어나는 여유 때문이었을 것으로 생각된다.

원래가 젊을 때부터 하늘로 솟구치는 근자감에 힘입어 직장에 연연해하지 않았고 이렇다 보니 내가 추구하는 바와 회사의

　나는 매일매일 주말처럼 산다

방향이 다르다는 판단이 서면 미련 없이 이직을 할 만큼 남들이 보기에는 내 고집대로 회사생활을 했다. 그런 나에게 가끔 회사 동료나 상사들은 "아버님이 기업 회장님이신가?"라는 농담 겸 빈정대는 소리를 하기도 한다. 명실상부한 '파이어족'이 된 다음에는 어땠을지는 독자의 상상에 맡긴다.

'곳간에서 인심 난다'는 옛말이 있듯이 호주머니 사정이 넉넉해지면 세상에 대한 두려움, 특히 살아가는 것에 대한 두려움이 상당 부분 덜어지고 만사에 비교적 너그러워진다. 대다수 사람들이 상사의 갑질을 견뎌내는 가장 큰 이유는 월급이 가족의 생계를 꾸려나가기 위한 최소한의 기반이 되기 때문이다. 이런 갑질에 염증을 느낄수록 파이어족을 더욱 꿈꾸게 되는 것 같다.

'파이어족'은 말 그대로 재정적인 독립을 기반으로 한 조기 은퇴로, 돈의 위력이 날로 커져가는 현대 사회에 재정적으로 독립을 한다는 점은 생각만 해도 너무나도 기분 좋은 일이다. 과거의 지주가 그랬듯이 내가 구축한 나만의 시스템(과거에는 토지였을 것이고 현대는 수익형 부동산 혹은 주식의 배당 수익 등으로 가능한 일일 것이다)에서 발생하는 수익으로 별다른 노동 없이 재정적으로 자유로워진다는 것이고 돌이켜보면 우리 부부도 아주 오래전부터 쉬지 않고 달려온 목적지가 바로 이곳이었다.

대다수 사람들이 인생 전반을 생계유지에 필요한 소득을 얻기 위한 쳇바퀴에서 헤어나지 못해 허덕이다가 생을 마감하는 것을 보면 재정적인 자유를 누린다는 것은 극소수의 사람들만 누릴 수 있는 특혜 같은 것이다. 그만큼 파이어족이 되었다는 자체만으로도 정신적인 만족감은 매우 높다.

출근을 위해 이른 시간에 기상해 러시아워에 갇혀 길거리에서 시간을 낭비하지 않아도 되며 우리 부부처럼 여행을 좋아하는 사람들은 붐비는 주말을 피해 주중에 원하는 곳을 여행할 수 있는 특권을 누릴 수도 있다. 주중 여행의 장점은 말할 필요도 없이 쾌적한 도로 사정, 주말 대비 저렴한 숙식비 등을 들 수 있고 꽃놀이, 단풍놀이 등 최적의 시간에 맞춰서 일정을 잡을 수 있는 점 등이다.

또한, 이전에는 생계유지를 위한 경제활동의 굴레에서 벗어나지 못해 다른 꿈을 꿔보지도 못했던 반면 '파이어족'이 되면 새로운 시도를 위한 밑그림을 그릴 수 있는 여유가 생긴다. 더 여유로운 삶을 살기 위한 투자 기회를 찾거나 관심 있는 분야를 공부하거나 취미생활에 심취할 수 있는 심리적, 시간적 여유를 가질 수 있어서 삶이 훨씬 더 풍요로워짐을 느낄 수 있다.

또 다른 특권은 거주지를 마음대로 선택할 수 있는 것이다.

물론 아직 자녀 교육이 끝나지 않은 경우는 예외이겠지만 자녀 교육이 끝난 경우라면 자신이 원하는 지역으로 거주지를 옮길 수 있는 혜택을 누리게 된다. 아내와 나는 젊을 때부터 여행을 좋아해서 지금까지 여행을 마다해 본 적은 없었던 터라 아이의 대학 진학을 조기 은퇴 시점으로 계획했고, 조기 은퇴와 동시에 영구 귀국하면 제주도, 강원도 등 몇 개 지역을 정해서 각각 1~2년 정도씩 살아보는 계획을 세웠다.

첫 번째로 제주도에서 1년 살아보았는데, 나의 새로운 시도 덕분에 서울과 대전, 구미 등지로의 출장이 빈번해지면서 1년을 못 채우고 7개월 만에 서울로 이사했다. 현재는 제2의 계획지인 강원도에서 1년째 살고 있고 현재까지는 이 도시의 삶이 만족스러워서 짧게는 추가로 1~3년을 더 살 계획이다.

내 경우처럼 살아보고 싶은 지역이 지방 중소도시일 경우의 혜택은 쾌적한 주거 환경은 기본이고 이에 수반되는 주거비와 생활비 부담이 서울 등의 대도시와 비교하면 매우 저렴하다는 점이다. '파이어족'을 꿈꾸는 사람들 중에 자녀 교육 등의 이유로 대도시에 거주해야 할 특별한 이유가 없으면 지방 중소도시에서 살아보기를 권한다.

PART 10

새 부동산 정책으로
흐트러진
나의 파이어족 생활

정권 교체 후
쏟아진 부동산 정책

"서울시와 부산시장 보궐 선거에서 야권 후보가 대승했네."

"그러게. 인위적으로 부동산을 잡겠다고 집권 초기부터 쏟아낸 25번의 부동산 대책이, 부동산 가격을 잡기는커녕 오히려 민심만 등돌리게 한 결과겠지."

내 나름의 포트폴리오를 통해 파이어족으로의 변신에 성공한 우리는 호기롭게 자발적 조기 은퇴 후 영구 귀국했다. 나와 아내는 보수적인 투자 성향이 강한 편이었기 때문에 '파이어족'의 꿈을 실현시켜 준 수익형 부동산 매입 때 은행 대출은 사용하지 않았다.

이에 공실 발생의 위험 이외에는 예전에 경험했던 IMF, 금융위기 등의 발생으로 인한 은행 금리 급등 등에 따른 리스크는 거의 없어서 이변이 없는 한 오래도록 내가 만들어 놓은 파이프라인으로 현금 흐름은 지속되리라 예상되었다.

그런데 현 정부는 집권 초기부터 현재까지 25번의 부동산 정책을 쏟아냈는데 25번의 정책을 통해 일관되게 표방하는 것은 다주택자에게 불리한 제도를 완성하겠다는 내용이었다. 심지어는 징벌적 과세라고 불릴 만큼 가혹한 세금 부담을 지울 것이라고 일관되게 주장했다.

올해부터 특정 지역에 2주택 이상을 보유한 경우에는 일반인들의 평균 연봉보다도 훨씬 많은 보유세를 과세하는 정책도 시행 중이다. 또한, 공시가를 급격하게 인상시킨 후 이를 토대로 보유세 등의 세금을 부과하기로 하면서 고가 주택을 보유한 1주택 은퇴자들에게도 세금 부담이 커지게 되자 조세저항이 점점 더 커지는 상황이고 보궐 선거의 참패 영향인지 여권에서는 부동산 정책 전반을 재검토해야 한다는 자성의 소리가 나오고는 있다. 그러나 그나마도 여권 내 주류의 동의를 구하지 못하는 상황이어서 어떤 변화가 있을지는 지켜봐야 한다.

앞서 말했던 것처럼 나는 소형 상가 건물과 지방 아파트 임대 소득을 기반으로 '파이어족'의 삶을 시작했고 특별한 외부 충격이 오지 않는 한 꽤 오랜 기간 안온하게 이 삶을 유지할 수 있

나는 매일매일 주말처럼 산다

을 것이라 기대했다. 그러나 기대와는 달리 새로운 포트폴리오 구성이 강요되고 있었다. 다주택자에게는 징벌적으로 과세를 하겠다는 정부의 일관된 정책 방향이 확인되었고, 새로 제정된 부동산 정책 하에서는 소유하고 있는 부동산의 형태, 소재지, 취득 시기, 실 거주 기간, 매매가 등 여러 변수에 따라 취득세, 종부세, 양도소득세 등에 큰 차이가 발생하게 되어서 어떤 부동산을 매도할 것인지, 어떤 순서로 매도할 것인지, 매도하지 않는 부동산은 언제까지 보유할 것인지, 보유한 부동산을 매도한 후 어떤 자산을 매입할 것인지 등에 대한 고민을 시작했다. 이미 보유했던 부동산 일부는 매도한 상태이지만 현재까지도 새로운 포트폴리오 구성을 위한 고민은 계속되고 있다.

자산 재편,
어떻게 할 것인가?

"정부에서 부동산 가격의 폭등이 다주택자들이 주도한 투기에서 비롯되었다고 확신하고 있으니, 당분간은 주택으로 분류될 부동산은 약세를 면치 못하겠네."

"그러게. 그래서 똘똘한 한 채 쏠림 현상이 갈수록 심화되고 강남권 등 입지 좋은 지역의 아파트는 천정부지로 올라가고 있는 거겠지."

'파이어족' 실현을 위해 매입한 수익형 부동산 이외에 20년 정도 보유한 똘똘한 아파트가 한 채 있는데 보유 기간이 길었던 만큼 매입가 대비 시세가 거의 10배에 육박한다. 이 아파트를 매도하게 될 경우 받을 수 있는 양도소득세 감면 요건(보유 기간 + 실거주 기간)을 맞추는 것이 그 무엇보다도 중요하다는 판단으로

나는 매일매일 주말처럼 산다

보유하고 있던 수익형 부동산 중 주택으로 분류될 가능성이 있는 부동산은 모두 매도했다. 연일 쏟아지는 부동산 정책의 일부는 소급 적용하는 것으로 결정되는 등 예측 불허한 상황이 펼쳐지고 있어서 시간적인 여유를 갖고 부동산을 매도할 수 있는 상황이 아니었다. 이에 지방에 보유했던 아파트들을 매도할 때는 손실을 감수하고 급매로 처분하기도 했다.

2020년 12월 기준으로 처분해야 하는 주거용 부동산은 모두 처분했다. 현재는 포트폴리오를 새로 짜는 과정으로 기본적으로는 수익형 부동산을 근간으로 하고 일부는 토지 등으로 분산 투자할 계획이다. 그리고 지금까지는 관심을 두지 않았던 공매를 통한 저평가 부동산에 대한 투자도 검토 중이다. 특히 수익형 부동산의 경우 기존에는 건축 연식이 그리 오래되지 않아서 수리 등 유지보수에 대해 특별한 관리가 필요 없는 매물을 위주로 보았는데 이번에는 개발 호재가 있는 지역 위주로 연식은 조금 되었더라도 상대적으로 저평가된 매물을 찾아서 새로 매입했다. 또 토지 역시 개발 호재가 있는 지역을 위주로 답사를 진행 중이다.

PART 11

정책 변화에도
굳건한 파이어족으로
거듭나기

수익형 부동산이 기반인
파이어족의 한계

"내가 만든 포트폴리오를 잘 운영하면 늙어 죽을 때까지 편안하게 살게 될 줄 알았는데, 부동산 관련 새로운 정책을 쏟아내고 있으니 포트폴리오를 바꾸지 않을 방법이 없네."

"그러게, 이참에 조금은 다른 형태의 투자를 해서 부동산 정책 변화에 영향을 덜 받게 하면 좋겠어."

이번 정부에서 발표한 부동산 정책의 일관된 방향은, 주택가격이 급등한 원인은 다주택자들의 투기에 기인한 것으로 최소한 집값이 안정될 때까지는 다주택자에게 불리한 제도를 계속 만들어가겠다는 것이다. 정부의 이런 방침이 옳고 그름에 관계없이 장기적으로는 주거용 부동산 가격은 특정 지역을 제외하면 대세적으로 약세를 보일 가능성이 크고, 풍선 효과나 공급 부족 등의 이유로 일부 지역의 매매가는 상승할 수는 있지만 궁극적으로는 보유세, 거래세 인상 등을 통해 수익의 상당 부분을 세금으로 부담하도록 하여 개인이 가져갈 실수익은 거의 없는 상황이 되고 있다.

그리고 코로나19로 촉발된 팬데믹의 영향으로 상가 공실이 점점 증가하는 추세이고 백신의 보급으로 극소수의 선진국은 집단 면역 형성에 성공했다는 희망적인 뉴스가 보도되고 있긴 하지만 우리나라처럼 선제적으로 백신을 확보하지 못한 국가들의 경우 코로나19 상황 종식은 요원해 보여서 상가의 공실률이 언제부터 호전될지는 예측하기 어렵다. '파이어족' 실현의 꿈을 안겨준 내 포트폴리오는 수익형 부동산, 그중에서도 상가건물과 월세 임대용 소형 아파트 등으로 구성되어 있었는데 정부의 다주택자 규제와 팬데믹으로 인한 상가 임차 수요 감소 등에 직접적인 영향을 받게 되었다.

정부 정책의 방향을 인지한 후 똑똑한 한 채를 제외한 주거용 부동산은 모두 처분했고, 보유하고 있던 상가 건물 역시 매도했다. 새로운 포트폴리오를 짜기 위한 내 스스로의 원칙은 1) 매월 임대 수익에 급급하지 않을 것(임대 수익률과 투자 수익률 두 가지 모두 추구), 2) 분산 투자할 것(상가 건물, 토지, 주택 등으로 분산 투자), 3) 똑똑한 한 채의 보유 비용을 최소화할 것(잠재적으로 성장 가능성은 높지만 상대적으로 저평가되어 있는 주택을 선점)으로 정했다.

자산 재구성,
어떻게 할 것인가?

"회사에서 받는 월급은 마약 같아서 회사에서 언제든 해고될 수 있는데도 만일의 사태에 대비하기는커녕 사람을 나태하게 만들어서 현실에 안주하게 하는 것 같아."

"그래서 회사를 그만둘 때 생각했던 것이 월급이 끊기는 금단현상을 잘 넘기려면 월급에 준하는 고정 수익이 있어야 한다고 생각했던 거야."

이렇게 '월급은 마약과 같은 존재로 나를 좀 먹어도 전혀 느끼지를 못한다'는 말은 내가 재직할 때 나 스스로와 동료들에게 자주 했던 말이다. 지금도 이 생각에는 변함이 없다. 회사원이 어떤 사유로든 별다른 준비 없이 회사를 그만두게 되어 그동안 비가 오나 눈이 오나 정해진 날짜에 꼬박꼬박 입금되던 월급이 안 들어오기 시작하면 예상하는 시간보다 훨씬 빨리 본인은 물론 배우자까지 굶어 죽을지도 모른다는 패닉 상태에 돌입하게 된다. 그리고 이런 기간이 길어질수록 가정의 평화가 깨질 가능성은 매우 높아진다. 그래서 나는 '파이어족'으로서의 삶을 살기로 결정했을 때 가장 먼저 고려한 것이 월급을 대신할 수 있는 고정 수입을 만드는 것이었고 상가건물과 임대수익형 소형 아파트를 그 수단으로 삼았던 것이다.

그런데, 정부의 부동산 정책에 의해서 내 포트폴리오는 재편이 필요하게 되었고, 이번에는 좀 더 공격적인 방법으로 자산을 재구성하기로 했다. 임대 수익률에 방점을 주었던 기존의 목표를 투자 수익률로 무게 중심을 이동해 재편하기로 한 것이다. 먼저 팬데믹 상황의 끝이 불투명한 상황이기 때문에 상가 건물에 투자하는 자본을 최소화하기로 했다. 이를 위해서는 개발 호재가 있는 지역 중 저평가된 매물을 찾아야 했고, 서울 세종고속도로 개통과 용인 SK 하이닉스 개발에 따른 개발 가능성이 높은 지역에 저평가된 상가건물을 새로 매입했다.

또한, 매월 고정적인 수입은 없지만 개발이익이나 매도 차익을 기대할 수 있는 소형 토지에 대한 투자를 검토하고 있다. 전원주택지로 개발이 가능한 토지 혹은 상가 건물 신축이 가능한

나는 매일매일 주말처럼 산다

토지 등을 대상 매물로 찾고 있다. 다만, 최근 정부에서 발표한 토지의 양도소득세제 개편에 따라서, 기존에 보유하고 있는 토지를 매도할 경우 내년부터는 기존의 몇 배에 해당하는 양도소득세를 부담해야 해서, 올해 안에 토지를 매도하려는 수요가 증가할 것으로 예상되어 하반기에 매입하는 것으로 계획하고 있다.

'부동산 투자할 돈이 없다'는
친구에게

"매월 조금이라도 수입이 있으면 좋겠는데 그게 어렵네."

"여윳돈이 있으면 부동산에 관심을 가져봐."

"부동산에 투자할 돈은 없어."

"큰돈으로만 부동산 투자하는 거 아닌데."

"해본 적도 없고."

어느 날 친한 친구와 나눈 대화이다. 친구는 자의반 타의반 으로 비교적 이른 나이에 은퇴했는데, 은퇴 후 시간은 많은데 통 장 잔고는 줄어들고 있는 것을 보고 있자니 답답했던 모양이다. 혼잣말 비슷하게 푸념하는 친구가 안쓰러워서 부동산 투자를 권했는데, 부동산에 투자할 만큼의 돈은 없다는 말이 돌아왔다.

이 친구는 부동산 투자를 위해 필요한 돈이 얼마라고 생각

나는 매일매일 주말처럼 산다

하는 것일까? 궁금했지만 차마 묻지 않았다. 우리가 흔히 접하는 부동산은 아파트라고 생각하다 보니 막연하게 부동산 투자라고 하면 아파트 매매가와 근접한 금액이 있어야 가능하다고 잘못 생각하는 것 같다. 그런데, 지역과 부동산의 종류를 좀 더 확대해보면 소액으로 투자해볼 만한 부동산도 매우 많아서 초보자 혹은 자금 여유가 많지 않은 투자자가 접근해 볼 수 있는 매물을 찾을 수 있다. 시장은 누구에게나 열려 있고 동일한 기회가 주어져 있다. 그 기회를 잡는 사람과 지나쳐 보내는 사람이 있는 건 귀찮음을 극복하고 용기를 내서 해본 사람과 엄두도 못 내고 해보지도 못한 사람의 차이라고 할 수 있다.

돈이 없으면
어떻게 할 것인가?

"나는 정말로 돈이 없어."

"그래? 그럼 우선은 소비를 최대한 줄여서 시드머니가 될 만한 자금을 먼저 만들어야 해."

'나는 돈이 없어서 가난하게 평생을 살 거야!'라고 주장하거나 이 주장에 동의하는 사람은 아무도 없을 것이다. 누구나 부자가 되고 싶고 하루라도 빨리 경제적인 자유를 얻고 싶어 한다. 그러나 실상 그 꿈을 이룬 사람은 우리 주변에 그리 많지 않다. 내 지인들의 경우를 살펴보면 대부분이 미래를 위해 현재의 불편함을 감수할 준비가 덜 되어 보인다. 남들처럼 최신형 핸드폰이 나오면 멀쩡한 핸드폰을 교체해야 하고 남들이 수입차를 타면 장기 리스로라도 수입차를 타야 하고 요즘은 코로나19 때문

나는 매일매일 주말처럼 산다

에 엄두도 못 내지만 남들이 해외여행 다녀오면 나도 해외여행을 가야 한다. 이런 습성을 고칠 생각은 추호도 없고 경제적인 속박이 불편하고 억울하다고 한탄하는 경우를 심심치 않게 본다.

이 책을 읽는 독자 중에 투자는 해보고 싶은데 정말로 여윳돈이 한 푼도 없는 사람이 있다면 최소한 1년 단위의 절약 계획을 세워서 의미 없이 나가는 돈은 최대한 틀어막고 이렇게 절약한 돈을 시드머니로 활용할 것을 추천한다.

세상에 눈먼 돈 없고
공짜는 더더욱 없다

"형, 참 웃긴 말인데 난 지금도 내 아버지는 왜 부자가 아니었나 원망스러워."

"야, 이 사람아! 우리 나이가 몇인데 아직도 부자 아버지 타령이야. 자네 애들한테 부자 아버지가 돼 주기 위해 열심히 노력하지는 못하고."

오랜만에 만난 동문 1년 후배가 헤어지기 직전에 내게 한 이야기다. 술을 거나하게 먹은 뒤여서 웃자고 한 실없는 농담으로 들었지만 오래도록 내 귓속을 맴돌았다. 어릴 때 부모님의 노력 덕분에 부족한 점 없이 잘 살았지만 그럼에도 어린 마음에 '나는 크면 사장이 될 거야'라고 생각했던 것이 지금도 기억나는 것을 보면 막연하게 큰 부자가 되고 싶다는 욕망이 컸던 것 같다.

나는 매일매일 주말처럼 산다

또 마음 한 구석에는 우리 부모님이 아주 부자면 좋겠다는 생각도 했던 것 같다. 만일 내 부모님이 큰 부자였다면 내 삶은 어땠을까? 가보지 않은 길이기 때문에 여러 가지 경우의 수를 상상할 수 있지만 아마도 나태한 삶을 살았을 가능성이 높다.

어릴 때 막연하게 사장이 되고 싶었던 내 인생의 목표는 대학 진학 즈음에는 법관을 거쳐 외교관으로 탈바꿈했는데 가세의 급격한 추락으로 전공을 경영학으로 선택하게 되었고, 결국은 마음 깊숙이 묻혀 있던 사장이 되고자 하는 어릴 적 욕망이 나도 모르게 다시 발현되기 시작했다. 결론적인 이야기이지만 이런 잠재의식의 영향으로, 남들에게 내세우기에는 보잘 것 없는 하찮은 성취이긴 하지만, 타인의 도움 없이 오롯이 우리의 노력으로 '파이어족'으로의 변신에 성공할 수 있었다.

후배를 다시 만나면 해주고 싶은 말이 있다.

"세상에 아버지 돈처럼 여겨지는 눈먼 돈은 없고 공짜도 없으니 하루라도 젊을 때 좀 더 열심히 노력해서 부자 아버지가 되도록 해보자."

당신의 주거비는
월 얼마일까?

"자네 지금 사는 아파트 시세가 얼마쯤 하지?"

"요즘에는 7억 원 정도 하는 거 같던데."

"그래? 그렇다면 대략 월 350만 원 정도를 주거비로 사용하고 있는 셈이네."

내 말에 친구의 눈이 휘둥그레졌다. 자가 보유한 내 주변의 사람들은 대부분 자신이 사는 집에 대한 주거비용 개념이 없다. 집을 사서 월세를 내지 않고 살고 있어서 그런지, 자신의 주거비는 매년 내는 재산세와 매월 부담하는 관리비 정도로만 생각한다. 이렇게 생각하는 이유는 월세 제도가 보편화되어 있지 않을 뿐 아니라 자신이 소유한 주택의 매도 금액을 수익형 부동산에 투자했을 경우 예상되는 수입이 매월 어느 정도인지 생각해보지

나는 매일매일 주말처럼 산다

않기 때문이다. 일반적으로 수익형 부동산을 고를 때 지역별 편차가 있지만 대략 기대 수익률을 6% 정도로 본다. 내가 소유한, 거주하고 있는 집의 기회비용을 계산할 때 매매 가격에 연 6% 수익률을 적용하면 내가 부담하고 있는 주거비용(기회비용)을 알 수 있다.

내 주변엔 살고 있는 집이 거의 전 재산인 은퇴자들이 적지 않다. 젊을 때는 은퇴 후의 삶에 대한 준비를 게을리했고, 막상 은퇴를 하고 보니 급여와 같은 고정수입이 단절되어, 모아두었던 예금과 퇴직금으로 창업에 나서는 경우도 있지만 대부분은 실패한다. 그럼에도 살던 집을 계속 고집하거나 평수를 줄여서 같은 지역의 아파트로 이사할 생각은 하지만 그 집에 살기 위해 부담하고 있는 기회비용에 대한 생각은 하지 못한다.

문제는 그런 방식의 삶은 오랜 기간 유지될 수 없는 구조라는 데 있고, 더욱이 아직은 이웃 나라의 이야기이긴 하지만 우리나라도 전혀 무관하다고 장담할 수 없다. '자칫하면 120세, 절약해야 산다'는 웃픈 현실을 빠른 미래에 마주칠 것으로 예상된다. 이에, 은퇴자뿐 아니라 최소한 '파이어족'을 꿈꾸는 이들이라면 지속 가능한 나만의 삶의 방식을 하루라도 빨리 정비해야 한다.

이를 위해서는 현재 보유하고 있는 자신의 자본 감소 없는 소득의 창출 시스템을 구축해야 하고, 이를 완성하기 위해서는 기존에 살던 동네를 포기하고 주거비와 생활비가 저렴한 지역으로 이주한다든가 기존의 주거 형태를 상가 주택 등 수익형 부동산으로 바꾸려는 노력 및 이를 소유하게 되면서 발생하게 되는 최소한의 번거로움(임차인 관리, 건물 관리 및 임대차 계약 갱신 등)은 기꺼운 마음으로 받아들이려는 적극적인 자세가 필요하다.

나는 매일매일 주말처럼 산다

PART 12

제가
파이어족이라고요?
그럴 리가요

파이어족,
완성은 없다

"친할아버지는 진남포에서 사과 과수원을 하셨다고 들었고, 외할아버지는 여의도, 시흥 등지에 토지를 많이 보유한 지주셨다더군."

"당신도 부동산을 그렇게 좋아하는 것 보면 혹시 지주의 DNA가 있는 건가?"

그럴지도 모르겠다. 친할아버지는 한국 전쟁 이후에도 고향인 북한 진남포에 남아 계셨기 때문에 얼굴 한 번 뵌 적이 없었고, 외할아버지도 아주 어릴 때 몇 번 뵈었던 기억 이외에는 부동산 관련하여 어떤 이야기도 직접 들었던 적이 없다.

다만, 지주의 DNA가 혹시라도 존재한다면 그분들로부터 내 부모님이 물려받았을 것이다. 내가 어릴 때 부모님이 살던 집을 수리해서 되팔고 그 돈으로 조금 더 큰 평수의 집을 장만하는 방법으로 살았다. 그 과정을 당시에는 아무런 생각 없이 지나쳤지만 결국에는 내 잠재의식 속에 부동산에 대한 학습이 되었던 것인지도 모르겠다. 아니면 할아버지의 DNA가 부모님을 거쳐 내게도 전해진 걸까? 물론, 이런 종류의 DNA가 있는지의 여부를 알 방법은 없다. 다만, 한 가지 확실한 것은 사람은 자신이 잘한다고 생각하는 분야에 관심을 더 갖게 되고 그 관심은 크고작은 성공의 밑거름이 된다는 것이다.

요즘 '파이어족'이라는 신조어가 급유행하고 있는데 과연 '파이어족'을 지향하는 사람이 자신이 설정한 목표를 달성할 경우 진정한 파이어족으로 늙어 죽을 때까지 만족하면서 살게 될까? 개인차는 있을 수 있지만 내 대답은 'NO'이다. 날이 갈수록 돈의 위력은 점차 커지고 있는 현대인의 삶 속에 '파이어족'으로의 변신에 성공한 사람이 사회와 단절된 자신만의 성에 안주할 수 있는 가능성이 얼마나 될까? '나는 돈은 더 이상 벌 필요가 없어!'라고 진심으로 이야기할 수 있는 사람이 과연 있을까? 아쉽게도 내가 만난 '파이어족' 중에는 아무도 없고 앞으로도 만날 가능성은 매우 희박하다.

단어 자체의 의미인 '파이어족'의 실현은 가능하지만, 영원불

변의 '파이어족'은 불가능하다. 그 이유는 '파이어족'이 되기 전까지는 내가 일한 대가로 수입을 만들었던 것에 반해, 파이어족이 되면 내가 일하지 않는 대신 자산을 일하게 만들어서 수입을 만들게 되는데 그 맛을 본 사람이라면 수입을 증대할 기회를 버릇처럼 찾게 된다. 기회가 포착되면 또 다른 시도를 하게 되기 때문이다.

'재정적인 자립과 조기 은퇴는 가능하지만 영원한 은퇴는 글쎄?'

나는 오늘도
새로운 시도를 궁리한다

"일본이 장수국가라더니 이런 기사가 났네."

"자칫하면 120세, 절약하는 노인이 증가하고 있다고? 조만간 우리나라에도 이런 풍조가 유행하겠네."

최근 신문에 난 실제 기사이다. 일본 국민이 전반적으로 소식을 하는 등의 이유로 장수국가라는 것은 익히 알고 있었지만, 기대 수명이 120세까지 올라가서 노년에 쓸 돈이 부족할까 봐 노인들이 생활비를 절약한다는 내용의 기사를 보게 될 줄은 꿈에도 생각해본 적이 없다. 일본과 우리나라는 앙숙처럼 매일 아웅다웅하면서도 비슷한 점이 많아서 머지않은 미래에 우리나라에도 비슷한 풍조가 생길 것 같아 반가우면서도 걱정스럽다.

'파이어족'으로서의 삶을 시작한 후 제주도에서 살기를 할 때

쯤, 어느 날이었다. 아침에 눈을 뜨면서 '내가 선택한 이 길이 맞는 길인가?'라는 의구심이 문득 들었다. 난 아직 신체적으로나 정신적으로 충분히 일을 할 수 있는데 너무 일찍 은퇴자의 길에 들어선 건 아닌가 하는 회의가 들었다. 그날 이후 더 나이가 들기 전에 내가 할 수 있는 일을 해야겠다는 생각이 커졌고, 그 일의 범주는 재취업, 창업, 투자 등으로 최대한 확장해서 찾아보기로 했다.

새로운 시도에 대한 제1 원칙은 내가 소유한 자산을 최대한 유지한다는 것이고, 지금까지 부동산 투자 시 고려하지 않았던 경매와 공매를 통한 자산 매입도 범주 내에서 검토하기로 했다. 또, 부동산 투자의 꽃이라고 일컫는 부동산 디벨로퍼로의 변신 가능성도 검토하고 있다.

파이어족을
꿈꾸는 그대에게

"요즘 젊은이들 사이에 '파이어족' 열풍이 불고 있다는군."

"그렇겠지. 가능한 젊은 나이에 재정적으로 독립해서 직장에 얽매이지 않는 삶을 살 수 있다는 것은 굉장히 행복한 경험이니까."

인류의 발전사를 보면 힘든 유목 시대를 지나 풍요로운 땅을 찾아 정착하는 농경시대를 만들었으며 아마도 그때부터 지주로서의 삶을 꿈꾸게 돼서 모든 인류에게는 지주를 지향하는 DNA가 뿌리내려져 있는지 모른다.

아주 초기에는 내 땅, 네 땅이라는 개념도 희박했겠지만 점차 사회가 발전하고 세분됨에 따라 어떤 사람은 지주로, 어떤 사람은 소작농으로서의 삶을 살아가게 되었을 것이다. 이것이 신분이 되어 근대, 아니 현대에까지 세습되어 오고 있다.

　　　　　　　　　　나는 매일매일 주말처럼 산다

그토록 오랜 세월 세습되어 온 소작농의 신분에도 불구하고 누구나 재정적인 자립을 꿈꾸고 이를 달성하기 위해 평생을 일로매진하듯이 누구에게나 '파이어족'의 DNA는 내재하여 있다.

역사에 기반해보면 인류의 대부분은 소작농의 신분을 벗어나지 못했고, 나아가 자손 대대로 소작농의 고단한 삶을 살아온 것이 사실이다. 현대에는 소작농이 근절되었을까? 과거 봉건시대만큼은 아니지만 현재도 사전적 의미의 소작농이 일부 존재하고 있으며, 형태의 변화만 있을 뿐 현대의 근로자들 모두 소작농과 동일한 형태의 삶을 살고 있는 것이다. 일정한 노동을 제공한 대가로 품삯(월급)을 받는다. 한 가지 다행스러운 것은 사회의 다변화에 발맞춰서 성공의 기회는 매우 다양하게 일반 대중을 향해 열려 있고 이런 기회를 통해서 지주로의 신분 변경에 성공하는 소작농들의 사례가 점차 늘고 있다.

여기서 한 가지 반문하고 싶은 것은, '나는 왜 파이어족을 꿈꾸는가?'이다. 편안하게 잘 먹고 잘 살기 위해서라든가, 남들보다 좋은 집과 좋은 차를 타기 위해서라든가, 출근 안 해도 되는 삶을 살고 싶어서라든가, 꼴 보기 싫은 직장상사를 안 만나도 되는 삶을 살기 위해서라든가 이유는 많을 것이다. 그 무엇이 되었든 나는 왜 파이어족이 되고 싶은지 스스로 반문해보는 습관이 '파이어족이 되고자 하는 목표의식을 보다 뚜렷하게 해주고 이렇게 함으로써 목표를 달성할 가능성이 높아진다.

어떻게
준비할 것인가?

"파이어족이 되고는 싶은데 나는 너무 늦지 않았나?"

"자칫하면 120세란다. 지금이라도 시작해야 되지 않겠어?"

'파이어족'을 부러워하는 친구와 나눈 대화이다. 이제 곧 60세를 바라보는 나이에 새삼스럽게 '파이어족'을 꿈꾼다는 게 말이나 되는 일인가? 요즘 젊은이들 표현으로 '이게 머선 129?'라고 할 수도 있다. 나는 친구에게 절대로 늦지 않았고, 지금이라도 시작하라고 진심으로 권했다. 당신이 몇 살이건 그것은 중요하지 않다. 파이어족의 꿈을 향해 질주해야 하는 이유는 잘 먹고 잘 살기 위한 것이기 이전에 늙고 초라한 노년을 피하기 위한 절심함에 있다.

'자칫하면 120살'이라든지 '돈 없이 수명이 늘어나는 것은 재

나는 매일매일 주말처럼 산다

앙'이라는 말은 유머가 아니다. '가난은 나라도 못 막는다'는 말처럼 세계 최강국의 지위를 누리고 있는 미국에서도 결식아동이 15%에 달한다고 한다. 사회보장 제도가 우리나라보다 훨씬 잘되어 있다는 미국이 그러한데 하물며 우리나라에서 돈 없는 노년이라면, 깊이 생각해보지 않아도 재앙이 맞다. 그럼 어떻게 준비할 것인가? 이 세상에 공짜는 없고, 중국의 만리장성도 하루아침에 쌓은 것이 아니듯, 현재 내 재정 상태를 냉정히 분석해서 실행에 옮겨야 한다.

1. 은행 잔고 중 비교적 장시간 투자에 사용할 수 있는 돈이 얼마인가?

2. 주거비를 줄일 방법은 없는가?

3. 좋아하는 투자 유형(주식, 부동산, 가상화폐, 채권, 펀드 등)은 무엇인가?

4. 선정한 투자 유형 중 내게 맞는 투자 대상에 대한 충분한 학습 및 전문가의 조언에 따른 투자 대상물 선정

5. 투자 실행 및 목표 수익률 설정

6. 목표 수익률 달성 시 수익 실현 및 재투자

7. 투자 원금이 일정 수준 이상으로 증가하면 수익형 투자 대상 선정 및 실행, 반복

여기서 명심해야 할 점은, 은퇴자의 경우에는 투자 수익률은 적더라도 원금 손실의 가능성이 최소화된 안전자산에 투자해야 한다. 젊은 세대일 경우에는 최악의 경우 원금 손실을 회복할 수 있는 시간적, 체력적 여유가 있지만 은퇴자의 경우에는 원금 손실은 돌이키기 어려운 치명타가 되기 때문이다.

내가 지금까지 만나는 몇 안 되는 직장 선배 중 일반 직장인은 꿈도 꾸기 어려운 수준의 부를 축적한 분이 있다. 몇 년 전 그 선배와 투자와 결과에 대해 이야기를 하던 중 내가 "형, 사업이나 투자나 성공하려면 '운칠기삼'이라고 그러잖아요"했더니 그 선배 왈, "아니야, 그건 옛말이고 요즘은 '운구기일'이야"라고 했던 것이 기억난다.

성공을 위해서는 운이 70%, 기술(능력, 노력)이 30%라던 속설을 깨고 운이 90% 따라줘야 겨우 성공할 수 있다는 말인데, 어쩌면 그 선배가 자신의 성취에 대한 겸손의 표현이었는지 모른다. 크나큰 성취를 이룬 선배의 말을 반박할 수는 없었지만 지금도 내 생각은 '운칠기삼'에 한 표를 던지고 싶고 무엇보다 중요한 것은 어떤 목표든 반드시 실행이 수반되어야 운도 따르고 성공할 가능성도 높아진다는 것을 강조하고 싶다.

나는 매일매일 주말처럼 산다

얼마가
필요한가?

"파이어족이 되려면 얼마나 필요할까?"

"은퇴 후 어디에 살 것이냐에 따라 다르긴 하지만 도시에 사는 은퇴자의 경우는 대략 매월 250만 원 정도가 필요하고 귀농, 귀어한 경우는 매월 100~150만 원 정도가 필요하다고 하니까 최소 2억 원에서 5억 원은 있어야 될 것 같은데."

나날이 치열해지는 경쟁으로 삶은 더 팍팍해진다. 은퇴를 앞둔 중장년층은 물론이고 2030 세대조차도 '파이어족'을 꿈꾼다는 기사가 심심치 않게 나오는 이유다. 사회가 다변화됨에 따라 가상화폐, 주식은 물론 상가 건물 투자를 통해 일확천금을 거뒀다는 신기루에 가까운 뉴스로 많은 사람들이 상대적 박탈감에 시달리기도 한다.

사회가 발전하고 경제가 성장하면 중산층이 많아져서 좀 더 안정적인 환경이 조성되어야 하는데 현실은 그렇지 못하다. 빈부 격차는 점점 심해지고 있고 그걸 증명이라도 하듯이 예전에는 없었던 '벼락거지'라는 신조어까지 등장했다.

상황이 이렇다 보니 남녀노소 누구나 하루라도 빨리 재정적인 자립을 하고 싶은 꿈을 꾸게 되었다. 이들 중 대다수는 '파이어족'이 되려면 대단히 많은 부를 축적해야만 달성할 수 있을 것이라는 막연한 생각으로 자신과는 먼 나라 이야기라고 애써 외면하기도 한다. 물론, 은퇴 후에도 최상위 수준의 생활을 목표로 하는 사람이 있다면 그 꿈을 이루기 위해 최소 100억 원 이상의 자금이 필요하겠지만 은퇴 전에도 평범한 삶을 살았고 은퇴 후에도 비슷한 수준의 삶을 목표로 하는 사람이라면 생각보다는 그리 많지 않은, 장기적인 계획을 수립해 실천한다면 달성 가능한 수준의 자금이면 충분히 실현할 수 있다.

그 뒤에는?

"오랜만이네, 요즘 어떻게 지내?"

"새로운 시도를 위한 방안을 모색 중이야."

'파이어족'의 꿈을 이룬 지 벌써 8년 차에 접어들었다. 가끔 옛 동료나 친구들과 통화를 하게 되면 서로의 근황이 궁금하기도 하고 혹시 자신이 모르는 좋은 재테크 방법은 없는지 궁금해하기도 한다.

내 경우를 돌이켜보면 '파이어족'을 이룬 직후부터 일정기간 동안은 몸도 마음도 가벼웠고 내 마음속에 꿈틀대는 욕심만 잘 통제한다면 죽을 때까지 최소한 생계유지를 위한 일은 안 해도 편안히 먹고 살 수 있겠다는 생각에 뿌듯했었다.

그런데 매일 주말 같은 날들이 이어지면서 요일 감각도 무뎌

졌고, 팬데믹의 영향으로 극소수의 사람들과만 대면하게 되고 제일 좋아하는 여행도 자제하다 보니 시간이 너무나 아깝다는 생각이 들었다. 또 아직은 의미 있는 일을 할 수 있고 앞으로 그런 일을 할 수 있는 기회도 유한할 텐데 하고 아쉽다는 생각을 많이 하게 된다.

그나마 나의 경우는 40대 후반에 '파이어족'의 기반을 마련했고 우여곡절 끝에 이미 은퇴를 했어도 전혀 이상하지 않을 나이가 되어서도 예전에 스스로 차버린 기회 상실에 대한 소회가 그리 크지는 않다. 하지만, 2030 세대 혹은 40대 초반의 독자라면 '파이어족'을 향한 집념을 불태우는 동시에 '파이어족'이 된 뒤의 삶은 어떻게 할 것인지에 대해서도 충분한 시간을 두고 고민하여 후회 없는 길을 선택하길 권한다.

나는 매일매일 주말처럼 산다